LE
CLOS-POMMIER

LE
CLOS-POMMIER

HUIT JOURS A DIVES
GASPARD DE BESSE
LE COMTE DE CHABLANÇAY

PAR

AMÉDÉE ACHARD

NOUVELLE ÉDITION

PARIS
CALMANN LÉVY, ÉDITEUR
ANCIENNE MAISON MICHEL LÉVY FRÈRES
3, RUE AUBER, 3
—
1883

LE CLOS-POMMIER

I

Il y a sur la côte de Normandie, entre Honfleur et l'embouchure de l'Orne, un grand nombre de jolis villages qui tirent leur subsistance aussi bien de l'Océan que de la terre. On pourrait les appeler des villages amphibies. Tandis que l'une de leurs extrémités est voisine de la mer, l'autre se perd sous l'ombrage des vergers. Tels sont Trouville, Touques, Villers, Beuzeval, Dives, Cabourg, Varaville, Sallenelles et quelques autres, où la charrue travaille fraternellement à côté du filet. Il ne faudrait pas chercher dans ces bourgades peuplées de gens de mer et de paysans un alignement correct, de belles habitations ou des monuments curieux, bien que çà et là une église d'une architecture robuste ou quelque tour à demi ruinée rappelle le siècle de Guillaume le Bâtard, dont le souvenir est partout dans le pays ; mais les maisons en sont propres et coquettes, avec leur parure de rosiers blancs. Des jardins tapissés d'herbes et tout remplis d'arbres fruitiers leur font une ceinture ; des prés s'étendent tout alentour, fermés de haies vives par-dessus lesquelles passent les têtes paisibles de gros bœufs qui ruminent ; et derrière la dune voisine, si l'on prête l'oreille, on entend bien vite le bruit éternel de la mer qui monte et descend. Des baigneurs venus de la province ou de Paris fréquentent ces villages en été, et les troublent d'une vie factice qui finit avec le mois de septembre. Les hôtes de la belle saison partis, les travaux de la campagne et la pêche occupent tous les bras ; on tire les verrous des belles chambres qu'ils ont habitées, et il ne reste plus trace de leur séjour.

A l'époque où commence ce récit, on voyait à une portée de fusil de Varaville, du côté de Cabourg, une maison à demi cachée sous de grands arbres et protégée de tous côtés par une haie au travers de laquelle poules et poussins passaient bien un peu. Le Clos-Pommier tirait son nom d'un gros pommier qui s'élevait en face de la porte, et qui était bien le plus beau qu'on pût voir dans le pays. Au temps des pommes, il portait plus de fruits que de feuilles. Tous les enfants de Varaville le savaient, et ne se gênaient pas pour lui rendre visite. Une vache paissait dans un coin, et derrière la maison, du côté du midi, quelques ruches dressaient leurs cônes odorants le long d'un petit mur. La maison et l'enclos, qui pouvait bien avoir un arpent en tout, appartenaient au père Glam, qui était bien le plus honnête homme de la contrée, et qui vivait là tranquillement entre son fusil et sa fille.

Le père Glam avait alors la cinquantaine : mais de telles rides s'entremêlaient sur son visage, qu'on aurait pu hardiment lui donner soixante ans et plus. Sa fille Catherine en avait

vingt-deux. On ne connaissait pas à dix lieue
à la ronde de meilleur ménage. Le père n
grondait sa fille que pour l'arracher du travai
où il l'accusait de s'oublier trop souvent, et Ca
therine n'avait de démêlés avec son père qu
lorsqu'il s'agissait de commander au cordonnie
du village une paire de souliers neufs, ou d'a
cheter chez le marchand une bonne pièce d
gros drap pour faire un vêtement dont il pré
tendait n'avoir jamais besoin. « La belle avance
disait-il, quand tu auras perdu tes deux yeu
pour gagner dix sous de plus dont nous n'a
vons que faire ! Laisse là cette dentelle après la
quelle tu t'acharnes, et si tu as quelques écu
de trop, au lieu de payer ce drap qui n'est bo
à rien, prends pour toi un fichu de soie o
quelque bonnet ! »

Il était rare que de semblables discussions n
se renouvelassent pas chaque semaine, tantô
sur un sujet, tantôt sur un autre : la tendress
en faisait le fond.

Diverses circonstances avaient contraint l
père Glam, qu'on avait connu fort aisé, à re
chercher les fonctions de garde champêtre, qu'i

remplissait avec un grand zèle, et dont les maigres émoluments lui venaient en aide.

Autrefois le vieux garde, qui de son petit nom
s'appelait Guillaume, nom réduit par la contrac-
tion et la coutume à la syllabe unique de Glam,
avait eu un bien honnête, qui longtemps lui
avait permis de vivre avec une certaine largesse
dans une contrée où les denrées de première nécessité sont encore à bas prix. Ce bien lui venait d'un père qui avait travaillé jusqu'à soi-
xante-quinze ans et mis sou sur sou. Vétérinaire
de son état, sec comme une ficelle et âpre au
gain, le vieil Antoine était mort sur le champ
de bataille, en saignant un taureau. On trouva
outre le Clos-Pommier et d'autres petits immeu-
bles, deux tiroirs et un vieux baril pleins d'écus
dont Guillaume hérita. Ce Guillaume avait reçu
une sorte d'éducation première dans une école
de Lisieux ; mais ses études étaient à peine ter-
minées, que le vétérinaire prit son fils avec lui
et le fit travailler rudement. On sait le proverbe
qui donne à père avare un fils prodigue ; ce dic-
ton ne fut pas contredit, tant sans faut, par
Guillaume ; non pas qu'il eût aucun vice ou quel-

que besoin inné de dépenses et de luxe ; mais autant le père cadenassait les sacs de cuir où il enfermait ses recettes, autant le fils les ouvrait. Le pauvre garçon ne savait pas résister à une demande. Il était, pour tout dire en un mot, de ces bonnes pâtes d'homme à qui la vue des souffrances d'autrui fait mal.

Lorsque le vieil Antoine mourut subitement, Guillaume était marié depuis huit ou dix ans déjà ; Catherine, alors toute petite, allait à l'école gaillardement et lisait couramment dans tous les livres. Son père l'envoya à Lisieux dans un pensionnat de jeunes demoiselles, où elle apprit avec assez de facilité les belles choses qu'on lui enseignait. Mais son cœur ni son esprit n'étaient là. Tandis qu'on lui faisait poser les doigts sur les touches d'un piano ou qu'elle récitait sa leçon d'anglais, elle pensait aux beaux pommiers du clos et aux belles pommes qu'on y voyait ; elle entendait le bruit de la mer déferlant sur la plage et les cris joyeux de ses petits camarades courant dans les prés. Elle était née aux champs et les aimait. La robe de soie qu'on lui mettait le dimanche la gênait ; mais s'il s'agissait de coudre une layette pour un petit enfant venu au monde dans un grenier, elle s'improvisait lingère, groupait les pensionnaires autour de ses mains brunes et tirait l'aiguille sans relâche. Catherine avait quatorze ans quand sa mère mourut ; elle montra à son père une affection si grande et sut si bien gouverner la maison, qu'il n'eut pas le courage de la renvoyer. Elle vit son hésitation dans ses yeux, ne lui laissa pas le temps de s'expliquer, lui sauta au cou, et devint en un jour la ménagère du Clos-Pommier. Le lendemain elle avait des sabots aux pieds et portait une robe de grosse toile.

La petite fortune du père Glam avait reçu déjà maints accrocs. On la voyait s'en aller brin à brin comme tombent les pierres d'une tour battue en brèche. Les ennemis du pauvre homme étaient ses connaissances, ses parents, en un mot ses amis. Ils avaient tous la main tendue, et tous avaient obtenu quelque chose sur l'héritage : l'un pour prendre à bail une métairie, un autre pour acheter une part de bateau, un autre encore pour lever boutique. Deux herbages, une petite maison qu'il avait à Troarn et un bout de

bois, avaient disparu pièce à pièce pour suffire
à ces libéralités. Leur ruine presque achevée,
Catherine, qui avait appris à broder à son pensionnat et qui était de beaucoup la plus habile
au travail des mains, se mit dès lors à faire de la
dentelle. Elle excella bientôt dans ce genre d'ouvrage, et y trouva de précieuses ressources
pour les temps mauvais. L'héritage perdu aux
trois quarts, le père Glam rechercha et obtint
le modeste emploi de garde de la commune. Le
temps qu'il n'employait pas à faire des tournées
dans la campagne, il l'occupait à des travaux
de jardinage ou à la pêche, dans laquelle il
était très adroit. Quand la rigueur du temps ne
permettait pas de biner et de sarcler ou de tendre des lignes, il trouvait encore moyen de travailler. On pouvait dire du vieux garde qu'il
faisait un peu de tout, honnêtement, pour gagner sa vie.

Catherine, de son côté, vaquait aux soins du petit ménage. Quand toute chose était en ordre, la
vache bien enfoncée dans l'herbe, la maison es-
suyée du haut en bas, le linge plié dans l'armoire de noyer et la marmite sur le feu, Cathe-

rine s'asseyait au coin de la fenêtre, et bientôt
ses doigts agiles faisaient voler les bobines sur le
coussinet de serge verte.

Avec ces ressources et une économie que rien
ne surprenait en défaut, deux personnes qui
avaient un toit pouvaient encore vivre dans une
aisance relative. Le malheur était que le père
Glam ne pouvait se guérir de ce défaut que tant
d'autres n'ont pas. Quand sa fille, qui avait le
cœur plus solide, lui reprochait doucement cette
faiblesse, à laquelle elle aurait voulu plus de rè-
gle et de mesure, il avait mille bonnes raisons
pour se défendre. Catherine l'écoutait en souriant et l'embrassait. « Quel malheur, disait-elle,
que vous ne soyez pas roi de France !

— Eh ! non, répondait le père Glam, je met-
trais mon royaume en gage pour tirer mes sujets de peine.

Un des voisins du garde, tout à la fois adjoint
au maire de Varaville et l'un des habitants les
plus riches du pays, le père Hennebaut, disait
en riant de lui que, s'il n'avait plus qu'un morceau de pain, il trouverait encore moyen de le
donner. « Il est si bête ! » ajoutait-il.

1.

Au mois d'octobre 18.., il y avait à peu près sept ou huit ans que le père Glam était veuf. Il avait eu de sa femme trois enfants : une petite fille morte au berceau, un fils nommé Fulgence, qui était né matelot comme d'autres naissent poètes, et Catherine, qui était la plus jeune. Fulgence, embarqué dès l'âge de onze ans, avait déjà fait deux ou trois fois le tour du monde lorsqu'il périt sur les côtes du Mexique, à la suite des blessures qu'il reçut à la tête en essayant de porter secours à des marins jetés par une tempête sur des récifs. Le père Glam ne s'était jamais consolé de cette mort. On aurait pu dire que Fulgence vivait en esprit à côté de lui. Un compatriote du pauvre matelot, appelé Jean Simon, avait rapporté à son père la vareuse et la chemise de laine de Fulgence, son pantalon de grosse toile et une ceinture qu'il avait autour du corps au moment où il s'était jeté à l'eau. De tous ces objets, auquel il avait ajouté le fusil et la vieille carnassière dont Fulgence se servait quand il était à terre, un chapeau de paille qu'il portait la veille du jour où il s'était embarqué pour la dernière fois et une cravate de

soie noire piquée d'une épingle d'argent qu'il
avait oubliée, le père Glam avait composé une
sorte de reliquaire ou de trophée pieux qu'il tenait enfermé dans une longue caisse couchée
en travers du berceau dans lequel les trois enfants avaient dormi tour à tour. Seul il avait la
clef de cette caisse ; quelquefois il la prêtait à
Catherine. La semaine ne se passait jamais sans
qu'il l'ouvrît pour en déployer les vêtements
grossiers, regarder les déchirures faites par le
rocher sur la rude étoffe, manier le fusil et tourner la cravate autour de ses doigts. Bien souvent
il suspendait le tout à un clou, s'asseyait devant,
allumait sa pipe et tombait dans une profonde
et silencieuse rêverie, dont Catherine avait
grand'peine à le tirer. Quand elle rentrait un
peu tard, le dimanche, après une promenade, elle était sûre de le trouver immobile,
la pipe éteinte, les bras ballants et les yeux
pleins de larmes, perdu dans une muette
contemplation. Elle rangeait tout : il la laissait faire, et, quand le couvercle de la caisse
était refermé, il suivait Catherine tout pen-
sif.

« Pauvre enfant !… il y a des jours où tu lui ressembles, » disait-il quelquefois.

Cette sorte d'adoration qu'il avait pour Fulgence s'expliquait par différents motifs. D'abord une cruelle maladie avait failli le lui enlever dès la plus tendre enfance ; une autre fois on avait tiré l'enfant de la Dives au moment où il ne donnait plus signe de vie, et il était en outre le portrait frappant de sa mère, que le père Glam avait aimée de toutes les forces de son cœur, et il crut la perdre encore en perdant Fulgence, qui mourut deux ans après elle. Le pauvre matelot était alors à bord d'un navire de l'État. Quand l'acte de décès fut expédié au père Glam, on put croire qu'il n'y survivrait pas ; Catherine le sauva. Le premier et long accès passé, le vieux garde inclina sa tête sur le front de sa fille et l'embrassa.

« Dieu me punit de l'avoir trop aimé, dit-il ; à présent tu es toute ma famille ! »

Catherine le comprit et se dévoua tout entière à lui, remplaçant du même coup tout ce qu'il avait perdu, avec une sollicitude et une vaillance que rien plus tard ne démentit. Un instinct se-

cret l'avait de plus avertie que la bonté facile de
son père amènerait un jour une crise dans leur
existence, et elle s'y préparait de longue main,
comme un soldat qui apprête ses armes aux
premiers bruits lointains du tambour.

Quand le père Glam rencontrait Simon, qui
était rentré au pays, sa plus grande distraction
était de l'amener et de le retenir à dîner chez
lui pour lui faire raconter l'histoire de ce terrible
naufrage où Fulgence avait péri. Si la pluie
tombait à flots ou si le vent du nord soufflait
avec de longs gémissements, il faisait apporter
un pot de cidre, priait Catherine de préparer un
lit pour Jean Simon, et cette nuit-là on parlait
de Fulgence, jusqu'à ce que Catherine éteignît
le feu et soufflât la chandelle.

Un soir, vers le milieu du mois d'octobre, le
père Glam rentrait au logis le fusil sur l'épaule ;
il suivait la plage d'un pas lourd, et traînant un
peu la jambe gauche, ce qui aurait pu faire
croire qu'il était boiteux, si on n'avait su que
c'était une sorte de tic dont il avait contracté
l'habitude. Une de ces grandes mouettes, que
les habitants des côtes appellent des *margats;*

passa au-dessus de sa tête à bonne portée. Le père Glam leva les yeux en voyant son ombre fuir sur le sable. « Bon ! dit-il, tu devines que je ne suis pas en humeur de tirer aujourd'hui... Va donc ! » Il regarda du côté de la mer ; le soleil se couchait dans un ciel enflammé. « Hum! reprit-il, il ventera cette nuit... voilà déjà le flot qui crie... Je voudrais bien rencontrer Simon. »

A la porte du Clos-Pommier, il aperçut sa fille qui travaillait.

— Toujours à l'ouvrage ! dit-il d'un ton bourru.

— Je profitais des dernières lueurs du jour, répondit Catherine ; si je rends cette dentelle avant la fin de la semaine, j'aurai une voilette à faire : ça me vaudra bien cinquante francs.

— Oh ! je ne suis pas en peine : après ceci, cela, et après cela autre chose.

Catherine regarda son père.

— Vous avez quelque chose dans l'air du visage... Qu'est-ce ? reprit-elle.

— Il y a que je viens de dresser procès-verbal contre la mère Doisy, dit le père Glam en frappant le gazon de la crosse de son fusil... et cela parce que sa vache a mangé deux poignées d'herbes dans le pré du père Hennebaut.

— Ah ! c'est lui qui l'a voulu.

— Eh ! qui veux-tu que ce soit ? Je l'avais bien vue du coin de l'œil, la pauvre bête ; mais je passais en sifflant, quand le père Hennebaut m'a appelé. C'est mon adjoint, il m'a fallu répondre. La mère Doisy n'est pas riche, tous les malheurs sont sur sa maison cette année : le mari ne pourra jamais payer l'amende. Elle s'est mise à pleurer, ça m'a remué, et voilà pourquoi je n'apporte rien. La vache a sauvé la vie à un imbécile de margat qui était au bout de mon fusil.

Catherine réfléchit une minute, tout en serrant ses bobines.

— Si vous voulez, reprit-elle, j'irai voir demain le fils de M. Hennebaut...

— Pacôme !

— Il ne me revient pas, mais il m'accueille toujours bien... Je lui demanderai la grâce de la mère Doisy, et il me l'accordera peut-être.

Le père Glam hocha la tête.

— Lui ? Si le père est comme une lime, le fils est comme un rabot !

Il suivit sa fille dans la maison et reprit, tandis qu'elle dressait leur petit couvert :

— Le père Hennebaut m'a demandé, pendant que j'achevais de rédiger ce maudit procès-verbal, quand tu comptais te marier.

— Et vous avez répondu ?

— Que je n'en savais rien. « Père Glam, a-t-» il repris, vous avez tort ; la Catherine court » sur ses vingt-deux ans et vous devenez vieux » tout doucement..... Il ne faudrait pas la laisser » seule. » Il m'a semblé que le père Hennebaut avait raison.

— Bah ! j'ai le temps.

— Ça te regarde... De mon temps, à moi, les amoureux étaient plus pressés.

Vers huit heures, le vent se mit à souffler avec violence. Le père Glam regarda par la fenêtre.

— Et ce Simon qui ne vient pas... dit-il. Nous aurions pu causer.

Il se tourna vers Catherine.

— Quel vent ! reprit-il ; ce doit être comme ça qu'il souffle au Mexique.

Le père Glam ferma la fenêtre, passa dans la chambre, ouvrit la fameuse caisse et en tira les vêtements de Fulgence, encore tout imprégnés de cette odeur saline que gardent si longtemps les étoffes de laine trempées dans l'eau de mer.

— Quels trous ! murmura-t-il en déployant la chemise.

Après minuit, quand il fut las de regarder dans la grande caisse, il entra dans la chambre de Catherine pour voir si elle dormait. Elle était assise auprès d'une lampe et travaillait.

— Encore debout, dit-il, à cette heure ?

— Etes-vous donc couché, mon père ? Quand je vous sais avec Simon, je puis dormir... Mais vous étiez seul avec Fulgence, et j'ai eu peur.

— Ah ! dit le père, je n'en guérirai jamais... Il me semble toujours que c'est hier !...

Il embrassa Catherine et se retira chez lui ; il avait encore la cravate de Fulgence roulée autour de sa main.

II

Le lendemain, au point du jour, Catherine se
dirigea vers la maison du père Hennebaut. C'é-
tait l'une des plus belles et des plus considérables
du village. Située de l'autre côté de Varaville et
dans la campagne, on la distinguait de loin à ses
murailles recrépies à la chaux et à une nuée de
pigeons qui volaient autour du toit. L'enclos qui
ferme toutes les métairies, dans le Calvados,
était vaste, tout semé de beaux arbres, avec
des étables pour les bestiaux, un colombier, des
granges et des remises. Un grand air d'abon-
dance se voyait partout, et tout, jusqu'aux din-
dons, qui, en compagnie d'une bande d'oies, se

promenaient majestueusement, avait une apparence de contentement plantureux.

Un homme tout rond, à face vermeille, avec des favoris en collier grisonnants et de petits anneaux d'or passés dans les oreilles, était debout devant la porte, regardant de tous côtés à la fois. Il aperçut la fille du père Glam et ne bougea pas.

— Ah ! le père Hennebaut ! dit Catherine.

Elle s'avança et le salua.

— Tiens ! c'est vous, la belle ? dit le père Hennebaut en feignant la surprise. Qui vous amène de si bon matin ?... Notre garde serait-il malade ?

— Point, Dieu merci !

— C'est qu'il ne faudrait pas vous gêner, s'il avait quelque chose. Entre voisins, on s'aide, et les Hennebaut sont tout à lui.

Catherine regarda le père Hennebaut en souriant.

— Autant que ça ? dit-elle.

Le père Hennebaut secoua les cendres de sa pipe et cligna de l'œil.

— Vous savez, autant qu'on peut, reprit-il.

— Eh bien, ça m'aidera à vous demander la grâce de cette pauvre mère Doisy, dont la vache a mangé une poignée d'herbe sur un bout de pré à vous.

— Un bout de pré ! une poignée d'herbe ! Que dites-vous donc là ? La vache a piétiné partout et m'a saccagé l'herbage que c'est une pitié ! Est-ce qu'elle ne mordait pas à même la haie ? Il y a bien pour dix écus de dégâts.

— Dix écus, soit ; c'est beauconp pour les Doisy qui sont pauvres, ce n'est rien pour les Hennebaut.

— Certainement, dit l'adjoint en passant la main sur son menton rasé de frais, nous avons un peu de bien ; mais, sapristi ! nous le devons à notre travail, et ce n'est pas une raison pour que chacun nous tonde la laine sur le dos.

Catherine pensa à part elle que, s'il y avait beaucoup de laine, on ne tondait guère.

— C'est possible, reprit-elle ; mais retirez le procès-verbal, et la vache n'y reviendra plus.

— Non ! non ! il faut un exemple ; c'est la quatrième fois que je fais grâce aux délinquants ; la mère Doisy payera pour tous.

Le père Hennebaut mentait de quatre fois au moins ; Catherine le savait, mais n'en voulait rien dire, de peur de gâter sa cause déjà si compromise. Elle ne remuait pas, regardant de tous côtés et ne sachant quoi ajouter, lorsque la porte du clos cria sur ses gonds : « Ah ! Pacôme ! » dit Catherine, qui devint toute rouge sans savoir pourquoi.

Pacôme tenait un fouet à la main et poussait devant lui deux grands bœufs fauves qui soufflaient bruyamment. C'était un grand jeune homme d'un blond tirant sur le roux, vigoureux, bien campé sur de solides jambes, haut en couleur comme son père, et présentant l'image de la force et de la santé.

Le père Hennebaut ôta la pipe de sa bouche pour regarder son fils avec complaisance.

— Hein ! quel gars ! dit-il à Catherine.

Le gars (le père Hennebaut prononçait *gâs*) était certainement un homme que bien des filles du pays regardaient du coin de l'œil ; mais il y avait dans ses yeux d'un bleu gris quelque chose de dur et de perçant qui n'annonçait pas une âme tendre.

— Tiens ! la Catherine ! dit-il d'un air joyeux, en montrant deux rangées de dents blanches et luisantes.

— Oui, la Catherine, répondit lestement la fille du père Glam, la Catherine qui compte bien que le fils lui accordera ce que le père a refusé tout net et rondement.

— Qu'est-ce ? demanda Pacôme en prenant la main de Catherine avec un certain empressement.

La main prise, Catherine regarda Pacôme et ne trouva plus un mot à dire. Elle était rouge, et le cœur lui battait. Ce moment qu'elle attendait pour parler lui faisait peur. Elle pensait que Pacôme en colère devait être terrible ; elle avait des envies de s'échapper en courant.

— Eh bien ? reprit Pacôme.

Le père Hennebaut haussa les épaules.

— La Catherine comprend que tu répondras comme moi, dit-il ; c'est de la mère Doisy et de sa vache qu'il s'agit : elle veut que nous retirions l'amende.

— Est-ce cela et rien de plus ? dit Pacôme.

— Rien, répliqua Catherine.

— Tenez-vous tranquille, le procès-verbal sera déchiré.

— Y penses-tu ? s'écria le père Hennebaut.

— Oui, père, et la Catherine est libre d'en informer la mère Doisy, mais pas avant d'avoir déjeuné avec nous.

Après ce que Pacôme avait fait, il n'y avait pas moyen de refuser. Catherine suivit donc le jeune fermier, derrière lequel le père Hennebaut marchait en grondant.

— Une amende de dix écus ! répétait-il à chaque pas. Qu'a-t-il donc aujourd'hui ?

Il regarda les deux bœufs fauves amenés par son fils.

— Ah ! pensa-t-il tout à coup, il aura fait une bonne affaire.

Cette idée rassura le père Hennebaut, qui s'assit plus gaiement à table. Bien qu'elle eût réussi et qu'elle eût le cœur allègre, Catherine mangea peu. Quelque chose l'embarrassait à côté de Pacôme, qu'elle n'avait jamais connu si facile, et qui gourmandait la servante parce qu'à son gré cette fille n'était pas assez empressée à la servir.

Lorsque Catherine se leva pour partir, Pacôme voulut la retenir.

— Non, dit-elle, mon ouvrage m'attend ; et ne faut-il pas ensuite que j'aille porter la bonne nouvelle à la mère Doisy ?... Elle viendra bien vite vous remercier.

— Qu'elle s'arrête donc au Clos-Pommier ; ce que j'en fais, c'est pour vous, répondit Pacôme sèchement.

Sa voix était si rude que Catherine en tressaillit ; il lui semblait que la grâce qu'il faisait en perdait tout son charme.

— Bien, dit-elle ; cependant nous serons deux à nous en souvenir.

Elle pressa le pas. Pacôme la reconduisit jusqu'à la porte de l'enclos et la regarda marcher.

— Hein ! dit-il à son père, est-elle leste ! On dirait une perdrix dans un chaume.

— Oui, répondit le père Hennebaut qui ne la regardait pas. Ça, maintenant que nous sommes seuls, dis-moi ce que tu as fait. J'ai bien examiné les bœufs sans en avoir l'air ; ils sont beaux et déjà gras. Les as-tu payés cher ?

— Non ; sur ces deux bêtes-là nous gagnerons bien cent écus.

— J'en étais sûr... Ça m'explique à présent pourquoi tu as remis l'amende. Du même coup as-tu vu la fille du bonhomme Girard ?

— Je l'ai vue.

— C'est un beau brin de fille : elle aura bien un jour trente mille écus de bonnes terres, sans compter l'argent comptant : car le père est comme nous, il a toujours quelques gros sacs bien remplis pour les bonnes occasions. Tu lui as parlé ?

— Oui.

— Ainsi qu'au père ?

— Tout de même.

— Eh bien ! après ?... car tu me fais griller, avec tes réponses où il n'y a pas pour trois sous d'explication.

— Eh bien, père, la fille du bonhomme Girard ne me va pas.

Le père Hennebaut posa sa pipe sur un banc.

— Encore ! s'écria-t-il : tu es plus difficile à marier que le clocher de Bayeux ! C'est la troisième dont tu ne veux pas. As-tu bien réfléchi,

mon gars ? trente mille écus, un père mal portant et une fille plantée comme un chêne et
droite comme un peuplier !

— Je ne dis pas, mais c'est ainsi.

— Il faudra pourtant bien que tu te maries
quelque jour. Quand te décideras-tu ?... Une maison où il n'y a pas de femmes, ça va mal, si
bien que ça aille.

— Eh ! père, je suis tout décidé, et la noce se
fera peut-être plus vite que vous ne pensez.

Le père Hennebaut avait repris sa pipe ; il
la quitta de nouveau. La pipe était chez lui le
signe de l'étonnement.

— Bien vrai ? dit-il.

— Aussi vrai que je m'appelle Pacôme.

— Embrasse-moi, mon fils, et parle vite. Tu
es plus finaud encore que je ne croyais. Voyons,
est-ce que je la connais, celle que tu as choisie?
Est-ce la fille du vieux Royan, qui a cette belle
ferme à Dozulé, ou la fille du père Langlois, qui
a tant de bœufs dans ses herbages?... Elles se
valent...

— Ne cherchez pas, mon père ; la fille que je

veux épouser, vous venez de la voir, elle sort
d'ici.

— La Catherine ?

— Elle-même.

Cette fois le père Hennebaut oublia sa pipe ;
il était comme pétrifié.

— La Catherine ! s'écria-t-il enfin, comme un
homme qui reprend sa respiration. Mais elle n'a
pas le sou, la Catherine ! Tu le sais mieux que
personne, toi, puisque nous avons prêté mille
écus au père Glam sur la seule propriété qui
lui reste. Que voilà un beau parti ! une grande
fille qui a trente- deux dents, et rien à mettre
dessous ?

Pacôme nouait une mèche neuve à son fouet
pendant que le père Hennebaut parlait.

— Tout ce que vous me dites là, je le sais, reprit-il ; mais je ne me suis pas décidé sans avoir
longuement réfléchi.

— Ah ! oui, parlons-en. Tu auras vingt- neuf
ans à Noël, et la Catherine est jolie... voilà
tout.

— Non mon père, ce n'est pas tout. Que la
Catherine me plaise, c'est évident ; mais voilà

près d'un an que je l'étudie. Je vous dis que c'est la femme qu'il nous faut. Je dis *nous,* parce qu'il est aussi bien question de la maison que de moi. Catherine est toujours la première à l'ouvrage. Elle est vaillante et courageuse, sans coquetterie aucune; et point amoureuse de plaisirs, comme le sont les filles de son âge. On ne voit pas un grain de poussière chez son père. Elle s'entend à tout, et jamais on ne la surprend en conversation avec les garçons du pays derrière les pommiers. Elle nous devra tout et ne coûtera rien... Catherine a le cœur reconnaissant.

— Quelle bêtise! dit le père Hennebaut.

Pacôme sourit.

— Eh bien ! reprit-il, supprimons la reconnaissance, et ne voyons les choses qu'au point de vue des intérêts. Croyez-vous que Catherine ne nous revaudra pas le revenu d'une dot par l'économie qu'elle apportera dans les dépenses de la maison ? Vous me parlez de la fille du bonhomme Royan... La mère a pour deux mille écus de dentelle sur sa coiffe ; la fille en voudra autant pour le moins : calculez le reste. La fille du vieux Girard a été élevée à Caen dans un beau pensionnat ; elle mange des ailes de poulet d'un air à faire croire que les poulets devraient la remercier... Voilà une fermière ! Quant à la fille du père Langlois, je l'ai surprise l'autre jour à son piano ; il était onze heures ; mademoiselle venait de se lever ! Je veux que madame Pacôme se lève avec son mari et ravaude son linge. Cherchez dans le pays, de Lisieux à Pont-l'Evêque, vous ne trouverez plus une fermière comme il y en avait jadis... Est-ce vrai ?

— C'est vrai.

— Et puis je suis ombrageux, vous le savez. Je ne veux pas que madame Pacôme aille aux danses du village ni qu'elle coure les foires. Catherine, à qui le père Glam laisse une grande liberté, n'y va jamais. Donc de ce côté là je suis tranquille. Le dimanche, elle raccommodera mes hardes... Allez, mon père, j'ai bien tout calculé.

— C'est bon, dit le père Hennebaut en rallumant sa pipe, je réfléchirai.

Il n'était pas convaincu, tant s'en faut, mais la voix de Pacôme avait un accent qui ne l'engageait pas à continuer la discussion.

2.

Le père Hennebaut, adjoint au maire de Varaville, comme on sait, était plus riche peut-
être qu'on ne pensait. Propriétaire d'une métairie qu'il exploitait avec son fils Pacôme, il
avait encore des parts considérables dans quatre ou cinq bateaux qui faisaient la pêche, et qui
lui rapportaient de si gros bénéfices qu'il en faisait construire deux pour son compte à Ouistre-
ham, où il avait une maison. On lui connaissait
un enclos et un jardin à Sallenelles, où il cultivait en grand toutes sortes de fruits et de légumes qu'il faisait vendre à la ville ; il ne négligeait pas non plus le commerce des bœufs, pour
lesquels il avait pris des herbages en location.
On a pu voir en outre qu'il faisait un honnête
trafic d'argent, lequel n'était jamais placé à
moins de huit ou neuf pour cent avec des ga-
ranties. Mais ce métier, qui sentait l'usure, il le
faisait dans l'ombre, et seulement, disait-il,
pour rendre service. Les écus arrivaient donc
chez le père Hennebaut par dix sources diffé-
rentes. A la fin du mois, il additionnait ses pro-
fits, achetait un lopin de terre et empilait le
reste en belles pièces blanches pour venir en

aide à quiconque lui pouvait payer de gros intérêts. Les comptes faits, le père offrait au fils une bouteille de cidre mousseux, et ils buvaient à la santé de leurs petites affaires. C'était comme de petites débauches intimes qui se renouvelaient douze fois par an.

Jamais le père et le fils n'avaient de discussions au sujet de ce négoce mêlé d'agriculture et d'opérations de banque. Ils se comprenaient du regard et s'entendaient à demi-mot. Un observateur inattentif aurait pu croire que dans cette vie à deux toute l'influence et la direction appartenaient au père Hennebaut. Jamais en public Pacôme n'élevait la voix, et il semblait obéir en toute chose ; mais en regardant de plus près on n'aurait pas tardé à s'apercevoir que le fils dominait le père entièrement. Quand par hasard ils n'étaient pas d'accord sur la conduite d'une affaire, on voyait bientôt luire dans les yeux gris de Pacôme une flamme qui faisait que le père Hennebaut se rendait tout de suite. La flamme alors s'éteignait subitement.

Leurs caractères avaient d'ailleurs de grands points d'affinité. Tous deux âpres et tous deux violents, tous deux d'un entêtement sauvage et d'une vanité absolue, ils tendaient au même but par les mêmes moyens ; ils étaient à leur manière de petits despotes, devant qui tout tremblait à Varaville. Dans leur maison couronnée de mousse et d'iris et tapissée de grands rosiers, ils étaient comme des burgraves dans leurs donjons. Chacun les redoutait. Le père était fier de sa position et rappelait volontiers que, fils d'un pauvre métayer qui n'avait pas cent écus vaillants, il avait fait fortune à force de patience et d'habileté. Le fils était orgueilleux de ses avantages physiques. Quatre ou cinq fois en temps de foire, et quand la jeunesse est animée par le cidre et les chansons, il avait lutté contre les plus forts et les avait terrassés de manière à ôter aux autres toute envie de recommencer.

Les œillades que les plus belles filles lui jetaient à la dérobée ne pouvaient pas diminuer cette bonne opinion qu'il avait de son mérite. Aussi personne ne faisait claquer son fouet plus haut. Parmi les paysans et les pêcheurs de l'endroit, c'était comme un proverbe ; on disait : « Riche comme le père Hennebaut et fort comme Pacôme. »

Le père Hennebaut ne dormit guère de la nuit. Tous ces beaux raisonnements par lesquels son fils, un peu à son insu, comme la Frosine de l'*Avare* à propos de Marianne, avait voulu lui démontrer qu'en épousant une fille sans dot il faisait une bonne affaire, ne le séduisait pas beaucoup. De bon cœur il eût donné au diable le père Glam et sa fille ; mais il avait vu l'éclair dans les yeux de son fils.

— Oh ! il n'en démordra, dit-il au petit jour, quand la fatigue le fit céder au sommeil.

Le lendemain, au déjeuner, il ne fut pas question de Catherine ; mais au moment où Pacôme partait pour les bouches de l'Orne, où un de leurs bateaux s'était ensablé, il se tourna vers son père.

— Avez-vous pensé à ce dont je vous ai parlé hier ? dit-il.

— Oui, répondit le père Hennebaut, qui poussa dans l'air une longue bouffée de tabac.

— Vous verrez le notaire aujourd'hui, je

crois, pour ce morceau de pré que vous avez acheté du père Taupier ?

— Oui, répliqua le père Hennebaut non moins laconiquement.

— Eh bien ! vous lui parlerez du contrat et le prierez de l'expédier promptement.

Pacôme sortit là-dessus.

Le père Hennebaut, la porte de l'enclos fermée, jeta sa pipe par terre et la cassa, une pipe qu'il aimait beaucoup.

— Me voilà donc avec une bru !... s'écria-t-il. Que la peste l'étouffe !

Et pendant une heure il se promena de long en large, grondant tout le monde. Mais dans la journée, après qu'il eut compté au notaire de Dozulé les piles d'écus qui le rendaient propriétaire du morceau de pré acheté au père Taupier, il soupira.

— Ce n'est pas tout, dit-il ; il faut à présent que vous preniez votre plus beau papier timbré pour rédiger le contrat de mariage de mon fils.

Comme le notaire ouvrait la bouche pour le

féliciter, le père Hennebaut l'arrêta d'un geste. La sueur lui coulait du front. Il fut un instant sans pouvoir continuer, tant la colère et la honte le suffoquaient.

Puis avec un effort :

— Écrivez qu'il épouse Catherine, la fille de notre garde-champêtre, ajouta-t-il.

Et, sans attendre la réponse du notaire, il pousse la porte avec fracas en sortant. Les trois clercs de l'étude, qui avaient tout entendu, colportèrent la nouvelle de ce mariage un peu partout, et, du café où ils en parlèrent d'abord, elle court bientôt le pays.

Cependant le père Glam, qui était en course chez le juge de paix, ne savait rien de ce qui se passait. Catherine s'était rendue à Caen pour porter un bout de dentelle qu'elle avait fini et en toucher l'argent. Ils rentrèrent fort tard l'un et l'autre au Clos-Pommier, et se couchèrent sans avoir rien appris.

Ce calme profond était loin de régner à la métairie des Hennebaut. La fureur longtemps contenue du vieux fermier avait éclaté au moment où son fils lui avait demandé s'il avait fait sa commission auprès du notaire. Il broya une seconde pipe sous son pied.

— Oui, je l'ai faite, dit-il ; mais j'ai idée que je te refuserai mon consentement.

— Je suis majeur, dit Pacôme froidement ; nous compterons ce qui me revient du côté de ma mère, et j'irai m'établir ailleurs.

Le père Hennebaut rencontra le regard métallique de son fils. Il en soutint l'expression une minute, comme un lutteur qui mesure les forces de son adversaire, puis baissa les yeux.

— C'est bon, dit-il, tu l'épouseras.

Cette idée de séparation, qu'il savait son fils capable d'exécuter sans balancer, l'avait vaincu.

Il digéra sa colère pendant la nuit et n'en parla plus au réveil.

III

Le jour suivant était un dimanche. Ce jour-là,
le père Glam faisait un bout de toilette, se ra-
sait, et, sa journée achevée, se montrait dans le
village, où quelquefois il jouait une partie de pi-
quet. Catherine, que Pacôme connaissait bien,
allait aux offices de bon matin, et employait le
reste de son temps à mettre la maison dans un
état de propreté incomparable. Elle renvoyait
son père sous prétexte qu'il la dérangeait, lui
mettait une pièce ronde dans la poche et lui disait de se récréer avec ses vieux amis.

Or, ce jour-là, et tandis que Catherine vidait
les tiroirs et frottait les meubles, le père Glam,

pimpant et rasé de frais, avec une belle chemise toute blanche et son habit bien brossé, se présenta chez Mathieu Leblanc, qui tenait le meilleur café de Varaville. Le père Hennebaut était sur la porte, entouré de quelques notables du village, avec lesquels il causait vivement. Aussitôt qu'il eut aperçu le garde il l'interpella :

— Hé ! père Glam, approchez qu'on vous parle, s'écria-t-il.

Le garde fit quelques pas. Le père Hennebaut le regarda en dessous.

— Que diriez-vous si vous aviez un bon morceau de bœuf tous les dimanches avec un bon verre de vin, et chaque jour une côtelette à déjeuner ? reprit-il.

— Eh ! eh ! répondit le père Glam, c'est donc quelque héritage, un oncle que j'avais aux îles et que je n'ai plus !

— Comment ! il ne sait pas la chose ! s'écria un interlocuteur.

— Et que voulez-vous que je sache ? dit le père Glam. J'ai passé hier ma journée à Dozulé, où j'ai verbalisé contre trois braconniers que

j'avais surpris colletant dans les bois de la
Ferme-Rouge. Après j'ai dormi.

— Eh bien ! demandez au père Hennebaut.

— Ah ! dit celui-ci, c'est un coup de fortune,
et du diable si vous pouviez vous y attendre...
Cherchez, père Glam ; vous ne devinerez jamais. Dans le premier moment, ça m'a contrarié, à cause d'autres idées que j'avais ; mais,
puisque c'est le vœu de mon fils, touchez là, et
sautez de joie : la Catherine sera ma bru à la
Toussaint.

Le père Glam devint tout pâle.

— Que dites-vous là ? s'écria-t-il.

On se mit à rire autour de lui.

— Voyez l'effet que ça lui produit... Il en est
tout tremblant ! disait-il.

— Je dis la vérité, répliqua le père Hennebaut. C'est Pacôme qui l'a voulu... c'est donc
lui qu'il faudra remercier.

— Catherine est-elle instruite de tout cela ?
demanda le père Glam d'un air inquiet.

— Pas plus que vous ne l'étiez vous-même
tout à l'heure.

Le visage du vieux garde prit tout à coup une expression de gravité singulière.

— Puisque la chose est vraie, reprit-il, et que sérieusement vous avez pensé à marier Catherine avec votre fils, m'est avis que la première démarche à faire, c'eût été de la demander à son père.

— A quoi bon? dit le père Hennebaut; du moment que Pacôme la désire pour femme, cela va tout seul. Quelle fille du pays et des environs ne serait pas heureuse de l'épouser? Il a le bien de sa mère, sans compter le mien, qui lui reviendra un jour; et ça fait gros, tout cela. Donc le notaire est prévenu, et le contrat sera signé dans trois jours.

— Eh bien! vous avez eu tort parce que, à vous parler franchement, ce mariage ne se fera pas.

La foudre tombant tout à coup devant la porte du café n'eût pas produit un effet plus violent. Ce ne fut qu'un cri dans toute l'assistance. La pipe venait de tomber de la bouche du père Hennebaut, la pipe des dimanches en écume de mer.

— Ça ! qu'est-ce que vous dites ? s'écria-t-il enfin : j'ai mal entendu, bien sûr !

— Non, reprit le père Glam sérieusement : j'ai dit ce qui est... Si honorable et si inespérée que nous soit votre alliance, je la refuse.

Cela dit, le bonhomme tourna les talons et sortit du village d'un pas ferme. On remarqua même qu'il ne tirait pas la jambe gauche.

Tous les yeux étaient fixés sur le père Hennebaut. Il était comme paralysé, et regardait le père Glam qui s'éloignait. Sa figure exprimait un étonnement si profond et un si grand dépit qu'on se mit à rire autour de lui.

— Adieu la noce, les violons sont partis ! dit l'un des témoins de cette scène.

Le père Hennebaut, n'eût-il pas été dur et sec comme un pieu, était trop riche pour n'être pas détesté. Le rire fut bien vite contagieux et gagna l'assemblée.

— Bon ! vous m'aviez invité au festin, voilà un dîner qui ne vous ruinera pas, dit un loustic.

— Eh ! voisin, ne manquez pas de m'envoyer

les gâteaux qu'on ne mangera pas, dit un autre.

Chacun lança son mot ; le père Hennebaut devint pourpre.

— On verra bien ! dit-il d'un air furieux.

Il se leva et quitta le village pour chercher son fils.

Pacôme était allé à Troarn pour assister à une vente de chevaux. Au retour, il trouva son père qui fumait en se promenant à pas précipités devant la porte de l'enclos. Un nuage de fumée tournoyait autour de sa tête nue. Il avait le visage rouge comme une pivoine.

—Ah ! c'est toi, s'écria-t-il ; j'ai cru que tu n'arriverais jamais. Il y a du nouveau ici.

— Qu'est-ce ? demanda Pacôme ; les bœufs fauves sont-ils morts ?

— Ah ! il s'agit bien de bœufs !... J'en donnerais quatre pour que la chose ne fût pas arrivée.

— Qu'y a-t-il donc ? reprit Pacôme effrayé.

— Il y a que ton mariage est à vau-l'eau.

Et il lui raconta l'histoire de son entrevue avec le père Glam.

— Tous les voisins ont ri que le village en retentissait, reprit-il en finissant. Quelle humiliation pour nous !

Le père Hennebaut profita du silence de son fils pour revenir un peu sur la question du mariage. Si sa vanité extrême était froissée par un refus parti d'en bas, il ne pouvait se défendre d'une certaine satisfaction à la pensée que ce projet d'union serait peut-être abandonné à tout jamais. Il exagéra donc son dépit, dans l'espoir que Pacôme, se mettant à l'unisson, renoncerait à toute tentative nouvelle et se tournerait d'un autre côté. Il lui glissa même en passant le nom d'un éleveur qui avait une fille à marier. Ce nom tomba dans son petit discours comme une goutte de miel dans de l'absinthe.

Pacôme écoutait son père les sourcils froncés.

— Ainsi il a refusé tout net de me donner sa fille ? dit-il, sans prendre garde au reste.

— Tout net.

— Cependant il sait bien que nous avons un billet de lui.

— Cette bêtise ! puisqu'il est en retard pour les intérêts !

Pacôme réfléchit une minute ; puis, frappant du pied : « Il y a quelque amourette là-dessous ; je le saurai », reprit-il.

Il ne parla plus de la soirée, vida un grand pot de cidre et alla se promener sur les dunes. Il avait la rage dans le cœur. « On dirait qu'il ne sait pas que je suis Pacôme, ce vieux père Glam ! C'est mon idée fixe à moi d'épouser Catherine, et pas un autre que moi ne l'aura, répétait-il.

Il marcha jusqu'à minuit, se coucha et dormit d'un sommeil agité. Au petit jour, il sella son cheval et partit pour un marché, sans plus parler à son père des événements de la veille.

Le père Hennebaut, qui l'observait du coin de l'œil, hocha la tête.

— Si j'étais à la place du père Glam, j'aurais peur, murmura-t-il.

Pendant huit jours Pacôme ne dit rien qui eût rapport à Catherine ; mais le père Hennebaut savait bien qu'il y pensait toujours. Au bout de ce temps, un soir, après avoir bu coup sur coup les trois ou quatre tasses de café sans lesquelles un dîner de bons Normands ne saurait être complet, Pacôme posa la main sur le bras de son père.

— Eh bien ! j'avais deviné, dit-il.

— Il y a donc un amoureux ? répondit le père Hennebaut qui n'avait rien oublié.

— Oui ; c'est un pêcheur qui demeure au Bas-Cabourg. Il s'appelle Jean Simon.

— Jean Simon ! répondit le père Hennebaut ; attends donc... N'est-ce pas ce garçon qui a fait une chute étant à bord d'une frégate, et à qui on a promis un congé de réforme.

— Justement.

— Es-tu sûr que Catherine l'aime ?

— Servais me l'a dit. Jean Simon était embarqué sur le même navire que Fulgence. Il paraît qu'il y a comme un accord entre eux. Seulement Catherine attend que Simon soit entièrement libéré du service pour se marier.

Le père Hennebaut alluma sa pipe.

— Et toi que feras-tu ? reprit-il.

— Moi ! j'attendrai aussi ; Catherine et Simon ne sont pas encore à l'église.

3.

Le père Hennebaut voyait toutes ses espérances s'en aller en fumée, mais il n'en laissa rien paraître.

— Tout cela ne serait rien, reprit-il, sans l'humiliation de l'autre jour... un refus public ! Il me semble toujours qu'on rit à mes oreilles.

Pacôme frappa du plat de sa main sur la table.

— Je n'ai rien oublié, dit-il, et le père Glam le verra bien !

Il se leva et fit quelques pas dans la chambre. Le père Hennebaut fumait au coin de la cheminée, où flambait un grand feu de vieilles planches.

— Depuis combien d'années le père Glam a-t-il renouvelé ce billet que nous avons de lui ? reprit Pacôme sans s'arrêter.

— Il y a eu quatre ans le 15 du mois dernier.

— Et il échoit ?

— Le 30 de ce mois, et il est en retard déjà de trois semaines pour les intérêts.

Pacôme marchait toujours en parlant.

— Eh bien ! dit-il, il faut écrire à votre huissier à Dozulé pour lui ordonner de commencer les poursuites. Le père Glam verra alors qu'on ne se joue pas impunément de nous.

Le père Hennebaut prit dans un tiroir une plume et une feuille de papier.

— Demain la lettre sera partie et les poursuites seront menées grand train, reprit le père Hennebaut ; maintenant, car il faut bien tout calculer, si le père Glam cède, que feras-tu ?

— J'épouserai Catherine.

— Tu l'aimes donc ? demanda le père Hennebaut en regardant son fils bien en face.

Pacôme rougit d'abord et détourna les yeux comme s'il avait éprouvé une secrète honte de faire l'aveu des sentiments qu'il éprouvait. Puis se remettant :

— Eh bien ! oui, je l'aime, dit-il.

— Bon ! dit le père Hennebaut, j'aimais ta mère aussi, mais elle avait bien dix mille écus quand je l'épousai.

— Si vous croyez que ça m'arrange ! dit Pacôme, qui marchait à grands pas ; j'ai fait ce que j'ai pu pour n'y pas penser : mais, quand il me vient à l'esprit qu'un autre pourrait l'avoir, j'ai le feu dans le sang.

Le père Hennebaut sourit.

— C'est donc pour ça que tu me faisais un si bel éloge de ses qualités? Bonté divine! elle en avait assez pour quatre mariées.

Pacôme frappa du pied.

— J'ai mis bien du temps à me l'avouer à moi-même... ne me raillez pas à présent que je vous confesse tout !... Depuis que je sais qu'elle en aime un autre, un mot me met en fièvre...

Ce que Servais avait dit à Pacôme était vrai. Catherine et Simon n'avaient pu vivre l'un auprès de l'autre sans qu'un mutuel attachement naquît entre eux. Le père Glam avait favorisé cet attachement de tout son pouvoir, et n'aurait pas demandé mieux que d'unir Jean à Catherine ; mais celle-ci reculait l'époque de leur mariage jusqu'au moment où Jean Simon obtiendrait son congé définitif.

— Ce n'est pas que je vous aime moins que vous ne m'aimez, lui avait-elle dit un jour ; mais j'ai toujours la mort de mon pauvre frère présente à la mémoire. Si Dieu nous envoie des enfants, je ne veux pas qu'ils aient un père sur l'Océan. Quand je serai assurée de vous garder toujours, nous nous marierons, et tout mon cœur y sera.

Jean Simon n'avait plus insisté, et le père Glam qui connaissait sa fille, non plus. Mais ce que Servais ne savait pas et ce qui rendait le père Glam intraitable à l'endroit du mariage de Catherine, c'est que Fulgence, à son lit de mort, avait écrit quelques lignes par lesquelles il désignait clairement au choix du père Glam le matelot qui l'avait soigné. « Si ma sœur le prend pour mari, disait-il en finissant, il me semble qu'elle n'aura rien perdu. »

Ces seuls mots étaient un ordre pour le père Glam. Aucune puissance au monde n'aurait pu le faire revenir sur sa détermination. C'était comme si une voix d'en haut avait parlé. La simplicité même des relations qui existaient entre Catherine et Jean avait trompé Pacôme sur les conséquences qu'elles pouvaient avoir. Il n'ignorait pas l'intimité de Simon et du père Glam ; si donc Jean avait été aimé de Catherine, rien ne s'opposant à leur mariage, il eût été

fait depuis longtemps. La découverte de la vérité l'exaspéra. Par un retour singulier de l'esprit, il arriva à croire qu'on l'avait pris pour
dupe, et cette pensée le détermina à pousser les
choses aux dernières extrémités.

Après la communication faite par le père Hennebaut au père Glam devant le café de Mathieu
Leblanc, il y eut un long entretien au Clos-Pommier. Catherine donna raison à son père en
tout ; elle éprouva même une sorte de ressentiment contre le beau Pacôme, qui aurait bien pu
s'enquérir auprès d'elle si sa recherche lui convenait. L'éducation qu'elle avait reçue à Lisieux
avait développé en elle certaines susceptibilités
délicates, encore accrues par l'élévation d'un
cœur naturellement enclin à la fierté.

— Si j'avais pu l'aimer, dit-elle, voilà qui
l'aurait perdu sans retour.

A quelques jours de là, Pacôme rencontra le
père Glam sur le chemin du village. Le garde
chercha à l'éviter, et, sautant sur le talus, menaça d'un bâton des enfants qui dépouillaient un
pommier au loin.

— Hé ! père Glam, dit Pacôme, vous souvient-il que vous avez chez nous un billet qui échoit sous peu de jours ?

— Oh ! que oui, répondit le père Glam.

— Vous mettez-vous en mesure de le payer ? poursuivit Pacôme.

— Je le voudrais ; malheureusement l'argent se fait rare au Clos-Pommier.

— C'est votre affaire ; mais je vous préviens que mon père et moi avons besoin de cette somme, et, si vous ne la remboursez pas à l'échéance, on pourrait bien vous mettre à la porte du Clos-Pommier, père Glam.

Le garde regarda Pacôme et comprit d'où le coup partait.

— Eh bien, vous m'y mettrez, dit-il.

Et il passa son chemin.

Le père Glam ne parla pas de cette rencontre à Catherine, pensant qu'il serait toujours temps de l'en instruire. Deux ou trois fois il parvint à distraire les papiers timbrés qu'on remettait au Clos-Pommier ; mais un matin, l'un deux tomba aux mains de Catherine ; elle en lut le griffonnage avec quelque peine et comprit qu'il s'agis-

sait d'une saisie. Elle en fut bouleversée. Aussitôt que son père parut, elle le lui présenta.

— Ah ! tu sais tout, dit-il.

— Pourquoi ne parliez-vous pas ? demanda
Catherine.

— Tu ne pouvais rien à cela... A quoi bon
t'empêcher de dormir ?

— Ah ! quelles nuits vous avez dû passer !
s'écria Catherine en sautant au cou de son père,
les yeux humides.

— Pas si mauvaises que tu crois... A mon
âge on est fait à tout... Quand on a un chagrin
ce n'est pas comme dans la jeunesse, où on ne
fait qu'y penser ; on le met dans un coin, au
plus profond de son cœur, et on l'oublie.

Catherine tournait et retournait le papier timbré entre ses doigts.

— Tout cela est venu bien brusquement, ré-
prit-elle : voilà quatre ans que les Hennebaut
ne vous pressaient pas... Ne me cachez-vous
rien ?

Le père Glam balbutia ; il ne savait pas mentir, il avoua toute la vérité à sa fille. Elle vit
bien qu'il pensait comme elle que cette rigueur

avait pour cause unique le refus dont tous les hôtes du café de Mathieu Leblanc avaient été témoins. Cette découverte fit sur elle une profonde impression ; elle n'en laissa rien voir à son père, mais ne dormit pas de la nuit. Cet amour qu'elle ressentait pour Jean Simon allait peut-être priver le père Glam de l'asile où il comptait abriter sa vieillesse. Une telle extrémité ne lui était jamais venue à l'esprit ; elle y pensait sans cesse et ne pouvait s'y habituer. C'était comme un poids qu'elle avait sur le cœur.

Cependant les poursuites continuaient toujours. On avait fait commandement. Une rumeur s'était répandue que le Clos-Pommier allait être mis en vente par autorité de justice. On en parlait au vieux garde, et s'il en souffrait, il ne disait pas mot.

Depuis la lettre qu'il avait écrite à l'huissier, le père Hennebaut évitait de rencontrer le père Glam, mais chaque jour Pacôme ne manquait pas de demander si l'on n'avait pas vu quelqu'un du Clos-Pommier à la ferme de Varaville. Le père Hennebaut secouait la tête, et Pacôme appliquait un coup de fouet au premier animal qui passait à sa portée.

— Puisqu'ils sont comme une souche, je serai comme un marteau, disait-il.

Un matin, au détour d'un sentier, étant à cheval et trottant fort vite, il manqua de renverser Catherine, qu'il rencontra devant lui. La jeune fille poussa un léger cri ; Pacôme mit pied à terre.

— Vous ai-je fait mal ? dit-il.

— Non, répondit Catherine ; mais m'eussiez-vous passé sur le corps, vous m'en auriez moins fait certainement que l'autre jour.

Pacôme fit semblant de rajuster la gourmette de son cheval sans répondre.

— Se peut-il que vous ayez le cœur si mauvais ? reprit Catherine.

Pacôme serra brusquement le bras de Catherine.

— Il dépend de vous de le rendre bon, dit-il.

Il enfourcha son bidet et partit au galop.

IV

Un moment vint où un nouveau papier fit
connaître au père Glam qu'à défaut de paye-
ment la saisie serait exécutoire à bref délai.
Jean Simon était présent à la lecture du fatal
papier. Le vieux garde affecta de rire.

— Rien dans les mains, rien dans les poches,
dit-il ; en attendant, dînons.

Catherine dressa le couvert sans parler ; elle
et Simon se regardaient. Le père Glam descen-
dit au cellier et en tira deux bouteilles d'excel-
lent cidre.

— Je ne veux pas que le père Hennebaut les
boive, dit-il.

Catherine avait mis sur la table une poignée de noix et une galette. Au dessert, le père Glam chanta une chanson de son jeune temps. Cette gaieté, trop vive pour être franche, faisait mal à Catherine.

Quand la nappe fut ôté, le père Glam regarda du côté de la porte qui fermait la chambre de Fulgence.

— Allons, reprit-il, il faut que j'arrange tout là dedans.

Il poussa un gros soupir et entra dans la chambre.

— Suivez-le, dit Catherine à Jean Simon qui se leva.

Mais le père Glam le renvoya.

— Nous n'avons pas à parler de mon pauvre fils ce soir, dit-il ; va causer avec la petite.

Jean Simon se rapprocha de Catherine et s'assit auprès d'elle. Comme il ouvrait la bouche pour parler, il entendit dans la pièce voisine, dont la porte était restée entrouverte, le craquement de la vieille caisse de bois où le père Glam serrait les effets de Fulgence. Il venait d'en

soulever le couvercle : Catherine et Jean échan-
gèrent un coup d'œil.

— Ah ! le pauvre homme, va-t-il souffrir
quand il lui faudra tout arranger ! murmura
Catherine. Elle fit signe à Jean de se taire et
écouta.

Le père Glam était au milieu des objets sa-
crés de son culte. Il les regarda tout d'abord
l'un après l'autre lentement : chaque fois qu'il
en touchait un, mille souvenirs en foule lui
rappelaient l'enfance ou la jeunesse de ce cher
fils toujours pleuré. Il avait comme un tremble-
ment nerveux en les prenant. Cette inspection
finie, le père Glam se mit en devoir de tout enlever. Il y avait le long du mur quelques ima-
ges dans des cadres de bois de noyer, et au pied
du lit une figure de la Vierge avec un crucifix
où pendait un rameau de buis desséché. Ce ra-
méau n'avait pas été renouvelé depuis les dernières fêtes de Pâques auxquelles Fulgence
avait assisté au Clos-Pommier : ce jour-là on
avait dîné en famille. Le père Glam ferma les
yeux ; il avait déjà décroché les gravures : la
force lui manquait pour ôter le crucifix et l'i-

mage de la Vierge, qui si longtemps avait veillé sur l'alcôve déserte. Il avança la main pour la saisir, et la laissa retomber.

— Eh bien ! dit-il, je l'ôterai plus tard.

Il resta immobile au milieu de la chambre, promenant ses regards de tous côtés. Ces murailles vides lui pesaient sur le cœur. Où suspendrait-il désormais les objets dont Fulgence s'était plu à les orner ? La grande caisse était là presque pleine, et tout auprès le berceau où Catherine avait dormi après son frère. Les tiroirs de la commode étaient vides et dégarnis des bagatelles que Fulgence avait gagnées aux fêtes foraines où le père Glam l'avait si souvent conduit.

— Allons, dit-il, voilà qu'il faut en finir !

Il se releva et prit le crucifix résolûment. A peine l'eût-il entre les mains qu'il retomba sur sa chaise en sanglotant.

A ce bruit le cœur de Catherine sauta dans sa poitrine ; elle entra dans la chambre d'un bond, et trouva son père qui tenait le crucifix collé contre ses lèvres et pleurait à chaudes larmes. Catherine prit la tête de son père entre ses bras et pleura avec lui.

— Ce ne sera rien, petite, ce ne sera rien, répétait le père Glam.

Mais à la vue de ce crucifix que sa pauvre femme avait donné à Fulgence :

— Ç'a été plus fort que moi, dit-il.

Il ne put pas continuer; les sanglots l'étouffaient.

Jean Simon tourna sa tête contre le mur. Il suffoquait aussi. Pendant un instant on n'entendit rien que le bruit des sanglots du père et de la fille mêlés de baisers. Catherine fut la première à se remettre.

— C'est une mauvaise heure à passer, dit-elle, il faut avoir du courage et prier Dieu.

— Oui ! dit le père Glam, ayons du courage.

Et ses mains ne pouvaient plus se séparer du crucifix.

— Et puis qui sait ? reprit Jean tout à coup ; il y a encore trois jours, et tant de choses peuvent arriver en trois jours... Vous ne quitterez peut-être pas la maison, père Glam.

— Ah ! si le bon Dieu le permettait ! s'écria le vieux garde en joignant les mains.

Simon prit doucement son vieil ami sous le bras et le ramena dans la salle à manger. Catherine ferma derrière eux la chambre de Fulgence.

— A présent, dit Simon, embrassez-moi tous deux. Vous avez besoin de repos... J'ai idée que le temps se gâtera ce soir, et il faut que je retourne à Cabourg.

Mais à peine fut-il hors du Clos-Pommier, qu'au lieu de prendre la route de Cabourg, il courut du côté de Varaville, et s'en alla tout droit frapper à la porte du père Hennebaut. L'adjoint, qui fumait sa pipe au coin du feu, parut tout surpris à la vue de Simon.

— Pacôme est-il là ? demanda le pêcheur.

— Non, répondit le père Hennebaut ; mais si c'est quelque chose qu'on puisse lui dire...

— Oh ! parfaitement. Je suis Jean Simon, le promis de Catherine, et j'arrive du Clos-Pommier.

— Ah ! dit le père Hennebaut, qui tendit l'oreille.

— Il faut que vous arrêtiez les poursuites : ça fait trop de mal à ce pauvre vieux de quitter la maison où Fulgence est né... Il est dans le cas d'en mourir.

— J'en aurai grand'peine... le père Glam est un brave homme, bien qu'il soit un peu fier pour un débiteur qui ne paye pas toujours exactement ; mais si nous arrêtons les poursuites, qu'est-ce qui nous en reviendra ?

— Mais vous ne comprenez pas ? Je vous dis que je suis Jean Simon ! Laissez le père Glam tranquille, et je vous promets de renoncer à Catherine.

— Ah ! ah ! dit le père Hennebaut en ôtant sa pipe de sa bouche.

— Bien plus, j'engagerai Catherine à ne plus penser à moi et à prendre M. Pacôme pour mari.

En prononçant ces derniers mots, la voix de Simon lui manqua un peu.

— Et vous ? demanda le père Hennebaut.

— Moi, je m'embarquerai et je voyagerai si longtemps qu'on ne me verra plus guère.

Malgré l'espèce de cuirasse que l'argent et la

vanité avaient forgée autour de son cœur, le père Hennebaut fut touché de ce grand dévouement.

— Cependant vous aimez Catherine? dit-il.

— Si je l'aime ! Ah Dieu ! vous le voyez bien ! s'écria Simon.

Il passa le revers de sa main sur ses yeux.

— Voyons, reprit-il, me promettez-vous d'arrêter les poursuites ?

— Oui, dit le père Hennebaut.

Puis, faisant un effort sur lui-même :

— De plus, reprit-il, je vous donnerai vingt écus le jour où vous partirez.

Simon se redressa.

— Merci, dit-il. Je n'ai besoin de rien... la promesse suffit.

Le père Hennebaut le regarda sortir.

— Il n'est pas de la famille, ce Jean Simon, et il est comme eux ! dit-il.

Il prit un charbon dans la cheminée pour rallumer sa pipe qui s'était éteinte.

— Avec cette belle fierté-là on ne va pas loin, murmura-t-il.

Et il allongea ses pieds sur les chenets.

La rentrée de Pacôme réveilla le père Hennebaut, qui dormait d'un sommeil profond.

En quelque mots il mit son fils au courant de l'entrevue qu'il venait d'avoir avec Jean Simon.

— Te voilà tranquille, dit-il en finissant.

— Hum ! dit Pacôme, Jean Simon n'est pas Catherine !

Tandis que le père et le fils s'entretenaient, Simon faisait avertir Catherine par une servante qu'il l'attendrait le lendemain matin sur les dunes, à un endroit écarté qu'il lui désigna. Il y était lui-même avant le jour.

Aussitot que Catherine parut, Simon courut au-devant d'elle. Il faisait un temps humide et froid ; un petit vent bas roulait un flot de brume qui cachait à demi les contours des dunes. On voyait aux traits de Catherine que sa nuit avait été mauvaise.

— Pourquoi m'avez-vous fait venir, au lieu d'entrer chez nous ? dit-elle.

— C'est que je ne voulais pas être dérangé, par le père Glam surtout ; ce que j'ai à vous dire est très important, répondit Simon.

Il conduisit Catherine dans un pli des dunes

où le vent ne se faisait pas sentir, et la faisant asseoir sur quelques brins d'herbes sèches .

— Vous avez vu dans quel état était le père Glam hier au soir ? reprit-il.

— Mes yeux ne se sont pas fermés, répondit Catherine. Il a marché dans sa chambre la moitié de la nuit ; quelquefois il poussait de grands soupirs qui me fendaient le cœur.

— Quand je l'ai vu pleurer si fort et tant se désoler d'abandonner le Clos-Pommier et cette chambre où l'on dirait que sa vie est enfermée, je me suis demandé si j'avais bien le droit de le faire souffrir. Une voix m'a crié que mon devoir n'était pas là. C'est votre grande amitié pour moi qui est la cause de tout.

— Ah ! dit Catherine, s'il ne s'agissait que de moi, je ne sentirais pas tout le mal qu'on nous fait.

— Oui, mais il s'agit de votre père. Où ira-t-il, ce pauvre vieux, si on le chasse de chez lui ? Les habitudes, à son âge, ça vous tient dans le sang. Il est capable d'en mourir.

— Ah ! j'y ai bien pensé, dit Catherine en portant son mouchoir à ses yeux.

— Alors vous me pardonnerez ce que j'ai fait ; j'étais comme fou hier quand j'ai quitté le Clos-Pommier. J'ai couru tout droit chez le père Hennebaut ; c'était comme si une main me poussait. J'ai obtenu que les poursuites cesseraient.

— Ah ! mon pauvre Simon ! s'écria Catherine en lui jetant les bras autour du cou.

Les larmes leur vinrent aux yeux ; ils gardèrent le silence une minute.

— Ça n'empêche pas que je ne vous aime de tout mon cœur, reprit Simon... Mais le père Glam m'a toujours traité comme son fils, et c'est bien le moins que je fasse quelque chose pour lui.

— J'avais bien pensé comme vous que c'était notre devoir, mais je n'aurais rien fait sans votre permission, répondit Catherine. Puisque vous m'en donnez l'exemple, je ne serai pas non plus égoïste.

— Ainsi vous irez voir Pacôme ?

— J'irai, dit Catherine.

Jean cacha sa tête entre ses mains.

— Ah ! murmura-t-il, est-ce bien possible que je vous perde !

Catherine lui prit les deux mains.

— Croyez-vous que, si ce n'eût pas été pour le repos de mon père, j'aurais jamais repris **ma** parole ?

— Non.

— Alors, embrassez-moi et montrez que vous êtes un homme... Je me doutais bien de ce que vous alliez me dire quand vous m'avez fait appeler !... Vous pourrez au moins penser à tout ce que vous aimez, et moi je ne le pourrai plus.

— C'est vrai, répondit Jean, vous êtes presque la plus malheureuse... Il faudra dire au père Glam que je vous ai oubliée pour une autre... ça fait qu'il ne me regrettera pas.

— Il ne me croira pas, et tout droit il ira vous chercher.

— Il ne me trouvera plus ; dès ce soir je serai au Havre.

— Ah ! dit Catherine avec un élan subit, vous n'offenserez pas le bon Dieu en cherchant à mourir ?

— Non, mais il y a des tempêtes.

Catherine frissonna.

— Ah ! que ce vent est froid ! on entend la mer d'ici, dit-elle.

Elle se serra contre Jean.

— Écoutez, reprit-elle, c'est le moment de nous quitter pour bien longtemps peut-être ; il ne faut pas emporter de mauvaises pensées. C'est bien assez de mon chagrin sans penser à un autre plus grand qui pourrait m'arriver... Quand il y aura du danger, souvenez-vous de moi.

— Je vous le promets, dit Jean avec effort.

Catherine se leva.

— C'est donc les adieux? reprit Jean.

Catherine, sans répondre, l'embrassa deux fois avec un mouvement de tendresse qui laissait voir toute la violence qu'elle se faisait. Puis, s'échappant de ses bras, elle se mit à courir. Jean fit un pas pour la suivre et s'arrêta. Au moment de prendre le sentier qui sortait des dunes, Catherine se retourna et fit de la main un dernier signe à Jean. Il voulut s'élancer ; elle dépassa le coin du monticule, et il ne la vit plus.

— Ah ! c'est fini ! dit Jean.

Le jour même, à déjeuner, le père Glam demanda à sa fille si elle avait vu Simon depuis la veille.

— Oui, un instant ce matin, dit-elle.

— Tu aurais dû l'amener ici ; j'ai été un peu faible hier ? j'aurais voulu lui faire voir qu'il n'y paraît plus à présent.

— C'est bien ce qu'il pense, répondit Catherine.

— Ce pauvre Jean était tout bouleversé... il a le cœur de Fulgence... Tu seras heureuse avec lui.

Catherine alla du côté de la fenêtre et l'ouvrit toute grande.

— Tu as donc chaud ? dit le père Glam ; il me semblait cependant qu'il faisait froid.

— C'est que j'ai un peu de fièvre.

Le père Glam la regarda.

— C'est vrai, tu as les yeux battus ; tu n'as donc pas dormi cette nuit.

— Pas beaucoup... Vous étiez si malheureux, que ça m'a donné comme un coup.

— Ça ne m'arrivera plus, répondit le vieux garde ; tu ne m'en veux pas ?

— Ah Dieu ! vous en vouloir ! je me jetterais au feu pour vous ! s'écria Catherine en l'embrassant.

— Oui, tu es une bonne fille... Mais qui sait ? comme dit Jean, ça changera peut-être... Un jour nous serons tous heureux.

Catherine sortit précipitamment ; elle avait peur d'éclater.

Vers midi, elle se dirigea vers la maison du père Hennebaut. Elle avait les yeux rouges. Comme elle passait devant l'église, elle y entra et se mit à genoux dans un coin. Là, le trop plein de son cœur se déversa. Elle y resta une heure en prière, puis sortit d'un pas ferme. Quand elle arriva devant la porte de l'enclos, le courage faillit lui manquer. Elle la poussa cependant. Un valet de ferme qui étrillait un cheval sous un arbre lui apprit que Pacôme était sorti.

— Ah !... pensa Catherine, c'est à recommencer !

— Je crois bien que M. Pacôme est aux herbages du côté de la rivière, reprit le garçon tandis que Catherine restait debout devant lui. Si par hasard mamzelle veut voir... en un petit quart d'heure elle y sera.

— Merci, dit Catherine en s'éloignant.

A cent pas de la ferme, Catherine rencontra le père Hennebaut qui marchait le long d'un pré.

— Je vous cherchais, lui dit-elle résolûment.

— Eh bien ! me voilà, répondit le père Hennebaut. Qu'y a-t-il pour votre service ?

— Il y a que j'ai changé d'idée ; Simon a dû vous en parler... Je suis décidée à épouser M. Pacôme.

— Vous savez le proverbe : Mieux vaut tard que jamais ! Donc ça me va : je n'ai pas de rancune, moi, et n'en veux pas au père Glam, bien que nous ayons été la risée du pays.

Comme il parlait, Pacôme survint. A la vue de Catherine, il pâlit. Catherine se sentit froid au cœur. Elle pensa tout de suite à l'entretien qu'elle avait eu le matin dans les dunes.

— Ah ! pauvre Simon ! murmura-t-elle.

Le père Hennebaut frappa sur l'épaule de son fils.

— C'est Catherine, dit-il ; elle a réfléchi, et la

voilà qui ne demande pas mieux que de t'avoir
pour mari.

— Je n'y mets qu'une condition, dit Catherine, c'est que vous regardiez mon père comme
le vôtre.

— Pourquoi ne vous fiez-vous pas à moi ? répondit Pacôme... Ne vous souvient-il pas de ce
que je vous ai dit l'autre jour ?

Les genoux de Catherine tremblaient sous
elle ; sans y mettre d'affectation, elle fit deux
pas pour s'appuyer contre le tronc d'un noyer.

— A présent, donnez-lui votre main en signe
de bon accord, dit le père Hennebaut.

Catherine, plus morte que vive, mit sa main
dans celle de Pacôme. Au moment où il tirait un
anneau de son doigt pour le passer à celui de
Catherine, le père Glam parut sur le revers du
chemin.

— Eh ! eh ! dit-il en regardant sa fille et Pacôme, depuis quand se prive-t-on du consentement d'un père pour achever des fiançailles ?

Pacôme lâcha la main de Catherine.

— Qu'est-ce que cela veut dire ? s'écria-t-il.

— Reprenez votre anneau, rien de fait ! dit le père Glam.

Il saisit sa fille par le bras.

— Toi, viens-t'en, reprit-il.

Pacôme était blanc de colère.

— Prenez garde ! s'écria-t-il, si vous me poussez à bout !...

— Eh bien, quoi ? répliqua le père Glam ; vous me mettrez à la porte du Clos-Pommier... c'est convenu !

Il entraîna sa fille à grands pas. Derrière lui, Pacôme se mordait les poings.

— Ah ! c'est comme ça ! dit-il ; eh bien ! je ferai passer la charrue sur la maison !

Le père Glam marcha quelque temps sans parler. Catherine le suivait la tête basse. Quand on fut à quelques centaines de pas du champ où le garde avait rencontré sa fille et Pacôme, il s'arrêta.

— Comment as-tu pu oublier ce que tu devais à Simon ? dit-il.

— Simon me l'avait permis, dit Catherine.

— Et ton cœur, qu'est-ce qu'il en dit ? reprit le garde... Bon ! poursuivit-il après un instant de silence, tu ne réponds pas... j'ai compris.

— Qu'allons-nous faire à présent? dit Catherine

— Eh bien ! pauvres nous sommes, pauvres nous resterons !

Il embrassa Catherine et continua sa marche vers le Clos-Pommier.

— C'est donc pour ça que tu avais les yeux rouges ce matin? reprit-il... Je ne m'aviserai plus de pleurer, puisque ça vous fait tant d'effet... Je ne me gênais pas, moi, devant vous... Le plus souvent qu'on m'y reprendra !

— Voyons, mon père, puisque tout est arrangé entre Simon et moi, qu'est-ce que ça vous fait ?

— Ça me fait que je n'ai pas le cœur d'un bourreau. Comme j'étais au sommet d'une côte tout à l'heure, j'ai vu Simon qui profitait du flot pour descendre la rivière. Il ventait rudement. Je l'ai appelé. Le vent portait ma voix ; il a feint de ne pas m'entendre. Dès qu'il a été en mer, il a mis le cap au nord ; ça m'a paru singulier. Je m'en allais cependant à ma tournée pour prévenir notre voisin, à cause d'une clôture que les bœufs ont renversée, lorsque je t'ai vue du côté de Varaville. Tu sortais de l'église et tu allais chez les Hennebaut. J'ai marché un bout de temps, puis tout à coup je me suis ravisé. « C'est un complot, me suis-je dit... un « bon complot à cause de l'huissier ! » Je suis revenu sur mes pas immédiatement. Bientôt j'ai reconnu que tu étais en conférence avec le père. « Ah ! ma pauvre fille, me suis-je écriée, qu'elle doit avoir le cœur gros ! » J'ai voulu courir ; mais, si les yeux sont bons, les jambes ne vont plus guère. Pacôme est arrivé avant moi... Encore deux minutes, et tu avais son anneau au doigt... Ah Dieu ! toi sa femme ! je ne m'en consolerais jamais !...Nous sommes ruinés, c'est vrai ; mais ces Hennebaut, c'est comme des usuriers !

— Je ne puis pas vous en vouloir, mon père, mais le sacrifice était fait, dit Catherine.

Le lendemain, au réveil, ils trouvèrent une affiche jaune collée contre la porte du clos. La vente aux enchères publiques était annoncée pour le jour suivant ; maître Pelavoix, huissier à Dozullé, agissait à la requête de M. Isidore Hennebaut, propriétaire.

V

Après deux ou trois heures de lutte, Simon
avait dû renoncer à aborder au Havre : un coup
de vent l'avait ramené à Dives. Il avait la mort
dans l'àme.

— Si le vent saute, se dit-il, je repartirai demain.

En attendant, il ne pouvait pas tenir en place. Ses jambes le conduisirent toutes seules du
côté du Clos-Pommier ; il se cacha derrière une
haie pour voir si Catherine ne passerait pas.
Rien ne bougeait dans le clos. Au bout d'une
heure, il pensa que, si Catherine le surprenait,
elle croirait qu'il voulait manquer à sa parole.

Il poussa un grand soupir, regarda une fois encore dans le clos et s'éloigna. Comme il allait devant lui, sans but, il rencontra Pacôme. A l'air de son visage, Simon comprit que quelque chose qu'il ne savait pas s'était passé.

— Ah ! c'est vous, dit Pacôme ; je me doutais bien que vous n'iriez guère loin.

— Ce n'est pas ma faute si le flot a été le plus fort, répondit Simon.

Pacôme haussa les épaules.

— C'était une comédie arrangée entre vous et Catherine pour gagner du temps, reprit-il.

Simon fronça le sourcil.

— Ça, qu'y a-t-il donc ? demanda-t-il.

Pacôme lui raconta comment le père Glam était intervenu tout à coup ; il le fit avec un tel accent de colère que Simon perdit tout espoir de le calmer. La colère est contagieuse ; Jean Simon sentit qu'elle le gagnait.

— Faites ce que vous voudrez, dit-il, mais n'accusez pas Catherine de mensonge.

— Je dis ce que je veux, répondit Pacôme.

Jean n'était pas, à beaucoup près, aussi fort que Pacôme, qui avait la moitié de la tête de plus ; mais il n'avait peur de rien. Il appuya la main sur le bras de son rival.

— Écoutez, dit-il, l'un de nous gêne l'autre. Battons-nous, et que le vaincu s'en aille s'il n'est pas mort.

— Nous battre ? dit Pacôme.

— Eh ? oui ! mettons au bout de nos bras deux bons bâtons, et finissons-en.

Pacôme souleva le bâton de cornouiller qui pendait par un cordon à son poignet, puis le laissa retomber. Ce n'était pas la crainte qui le faisait hésiter, mais bien la pensée que cette lutte ne pouvait rien amener de bon pour lui. Si Jean restait sur la place, quel espoir avait-il d'apaiser Catherine ? Si au contraire il était vaincu, quel ridicule ne serait-ce pas, sans compter la honte de céder le terrain à son rival ? Pacôme secoua la tête.

— Oh ! que nenni ! dit-il. La partie n'est pas égale ; vous ne jouez que votre peau... J'ai du bien, moi ; merci donc. S'il vous plaît de rester à Cabourg à présent, restez-y... moi, je vais à Dozulé, chez maître Pelavoix.

On a vu quel avait été le résultat de cette visite.

Un coup auquel il ne s'attendait pas menaçait le père Glam. Le jour même où le Clos-Pommier devait être adjugé au plus fort et dernier enchérisseur, l'huissier se présenta chez le garde pour procéder à la saisie des objets mobiliers. Le père Glam était avec sa fille, dont le visage amaigri laissait voir des traces de souffrance dont elle ne se plaignait pas.

— Faites, dit-il à l'homme de loi.

M. Pelavoix portait un habit de drap d'Elbeuf et une montre à chaîne d'or sur un gilet de piqué jaune ; il avait des prétentions aux belles manières, parce qu'il avait quelque temps pratiqué dans une étude de Paris.

— Ne vous dérangez pas, mademoiselle, dit-il d'un air aimable, ce sera l'affaire de quelques instants... De plus, si vous avez ici quelque objet auquel vous teniez particulièrement, malgré la rigueur de mon ministère, je vous le laisserai volontiers.

Catherine refusa par un signe de tête, et M. Pelavoix se mit en devoir d'inscrire les objets à mesure que ses agents les indiquaient du doigt. L'un d'eux, étant entré dans la chambre de Fulgence, frappa sur la caisse.

— Plus une grande caisse, dit-il.

L'homme n'acheva pas ; le père Glam l'avait saisi à la gorge et le repoussait violemment.

— La caisse de Fulgence ! s'écria-t-il ; hors d'ici, coquins !

— Qu'est-ce ? demanda l'huissier en voyant son clerc trébucher sur le carreau.

Le vieillard était debout devant la porte, la figure livide et le bras tendu.

— Mais, monsieur, y pensez-vous ? reprit l'huissier.

— Mon père ! s'écria Catherine, qui s'élança vers le garde.

— C'est bien, mademoiselle ; monsieur votre père qui est fonctionnaire public, entendra la voix de la raison... La loi a des exigences fatales auxquelles il faut savoir se soumettre... Messieurs, procédons....

M. Pelavoix entra, le calepin aux doigts, dans la chambre de Fulgence ; mais, quand le père

Glam le vit ouvrir la caisse à laquelle il avait laissé la clef et y plonger les mains, son sang ne fit qu'un tour. Il se débarrassa de l'étreinte de sa fille et sauta sur l'huissier.

— Toi aussi, brigand ! s'écria-t-il.

Et le prenant au collet avec une force irrésistible, il l'envoya rouler à l'autre bout de la pièce.

— Des voies de fait ! s'écria l'huissier... il faut cependant que force reste à la loi.

Mais le père Glam était hors de lui ; il s'était emparé d'un lourd bâton et le brandissant en l'air.

— Gare au premier qui bouge ! s'écria-t-il d'une voix terrible.

Catherine se jeta les mains jointes au-devant de l'huissier.

— Ah ! monsieur, par pitié ! murmura-t-elle ; plus tard, dans une heure, je vous en supplie...

Il y avait tant de larmes dans ses yeux, une terreur si poignante sur son visage, que M. Pelavoix céda.

— Eh bien ! soit, mademoiselle, je me re-

tire... mais je dresserai procès-verbal de violence inqualifiable et je reviendrai, s'écria-
t-il.

— Ah! mon père, qu'avez-vous fait? reprit
Catherine en tombant épuisée sur une chaise.

Le père Glam jeta son bâton.

— Toucher aux vêtements de mon fils, à son
lit, à tout ce qui me reste de Fulgence!... Je
l'aurais tué comme un chien, dit-il.

Catherine ne se dissimulait pas la gravité de
l'acte que son père venait de commettre. Elle le
voyait déjà entre les mains de la justice et dans
les prisons de Caen.

— Ah! pourquoi m'a-t-il arraché des mains
l'anneau de Pacôme? disait-elle.

Simon survint comme elle cherchait à calmer
l'effrayante irritation du père Glam, qui, pour
la première fois de sa vie, ne l'écoutait pas.

— Toucher aux habits de Fulgence! répétait-
il toujours.

Et il tournait comme un dogue devant la chambre. En quelques mots, Simon fut mis au
fait de ce qui venait de se passer. Il en eut le
frisson.

— Mais vous êtes perdu ! dit-il.

— Bah ! dit le père Glam, j'ai encore mes deux jambes et mes deux bras !

On voyait que sa pensée était ailleurs et qu'il ruminait quelque projet. Tout à coup il prit Simon par le bras.

— Il se peut que l'huissier revienne bientôt, reprit-il ; il ne faudrait pas qu'il trouvât la caisse ici. Toi, petite, fais le guet, et avertis-nous si quelqu'un vient. Toi, Jean, prends la caisse par un bout, et donne-moi un coup de main. Nous allons déménager la chambre.

Dans l'état d'esprit où était le père Glam, il ne fallait pas songer à lui résister. Simon cependant regarda Catherine, qui lui fit signe d'obéir.

La caisse enlevée, Simon demanda où on allait la porter.

— Eh ! chez la mère Doisy ! dit le père Glam ; son mari est un brave homme, et ils la garderont aussi longtemps que nous voudrons.

Catherine sortit du Clos-Pommier et regarda dans la campagne ; personne ne s'y faisait voir. Le père Glam et Simon se mirent en route.

Deux heures après il n'y avait plus un clou dans la chambre de Fulgence.

— Qu'il vienne à présent, cet huissier du diable ! dit le père Glam joyeux.

— Oh ! il reviendra, dit Jean ; j'ai bien peur même qu'il ne revienne pas seul.

Le vieux garde se frottait les mains. Les vêtements de son fils et ses chères reliques à l'abri, il croyait tout sauvé. Le reste lui importait peu.

— Ils ne m'ont pas encore pris, disait-il : et puis, en supposant qu'on m'arrête, que voulez-vous que la justice fasse de mes vieux os ?

Catherine, pas plus que Simon, ne partageait cette quiétude ; chaque bruit de pas la faisait trembler. Elle s'efforçait de persuader au père Glam qu'il ferait bien de se cacher. On essayerait d'arranger l'affaire pendant qu'il ne serait pas là.

— C'est bon, répondait le vieux garde, il n'est pas encore temps.

Rien ne parut dans la journée.

— Ah ! quel réveil demain ! dit Catherine.

Simon, qui voulait être près de ses amis en cas d'événement, demanda au père Glam de coucher au Clos-Pommier.

— Vite une bouteille de cidre, s'il en reste, et fais-nous du café ; nous causerons un peu, dit le père Glam à sa fille.

Ils s'assirent bientôt autour de la table, devant un feu de souche ; le vent soufflait au dehors avec grand bruit. L'histoire de la tempête dans le golfe du Mexique recommença. Le père Glam écoutait de toutes ses oreilles, comme s'il ne connaissait pas ce récit. Quand Simon négligeait un détail, il le lui rappelait, comme font les enfants à leurs nourrices lorsqu'elles récitent des contes vingt fois racontés. Au moment d'aller se coucher, on frappa discrètement contre un volet. Catherine sauta sur sa chaise, et ouvrit toute pâle ; un enfant de huit ou dix ans lui glissa un petit papier dans la main. Elle reconnut le fils d'un gendarme de la résidence de Dozullé.

— Voilà ce que papa m'a dit de vous remettre, dit l'enfant.

Et il disparut.

Le papier ne contenait que ces quelques mots écrits au crayon :

« Le brigadier a reçu l'ordre de vous arrêter
« demain... Agissez en conséquence. »

— Ah ! le brave homme, dit Simon.

— Ah ! mon père, voilà que ça commence...
Partez ! partez vite ! dit Catherine.

— Eh ! non, tu as bien lu ce qu'a écrit le gendarme ; j'ai encore cette nuit, répondit le père
Glam.

L'agitation tint Catherine éveillée ; aux premières lueurs de l'aube, elle se leva doucement
et entr'ouvrit la porte du clos. Au bout d'un
quart d'heure, elle aperçut sur la route les tricornes de deux gendarmes, elle rentra précipitamment.

— Pour l'amour du ciel ! sauvez-vous, mon
père, les voici, dit-elle.

Le père Glam eut un grand serrement de
cœur.

— Ah ! te quitter !... dit-il.

Il hésita un instant, puis embrassa Catherine et sortit par derrière la maison, tandis que les gendarmes frappaient à la porte du clos. Ils firent semblant de ne pas le voir.

Le père Glam rôda trois ou quatre jours dans le pays, mollement poursuivi par les gendarmes et protégé par les gens de la campagne, qui suivaient leur instinct en se mettant contre la justice, et trouvaient en outre dans cette circonstance l'occasion de jouer un tour aux Hennebaut. Ceux-ci, de leur côté, obtenaient la destitution du père Glam de ses fonctions de garde champêtre et faisaient force visites à Dozullé pour presser le brigadier et lui bien prouver que l'honneur du corps était intéressé à ce que le fugitif fût arrêté promptement. Ils promirent même une pièce de cidre à celui des gendarmes qui mettrait la main sur le père Glam. Deux de leurs gens veillaient toujours autour du Clos-Pommier, dont un défaut de formalité avait fait ajourner la vente, afin de les prévenir si par hasard le garde s'y faisait voir.

Cette vie errante fatiguait le père Glam, qui avait l'habitude de marcher librement et le front haut. Sa fille lui manquait ; il avait soif de l'embrasser.

— Je crois que je ferais mieux d'aller tout droit chez le juge de paix, dit-il un jour.

— Gardez vous-en bien ! dit Simon.

— Eh bien ! si tu veux que je patiente, amène-moi la petite demain, chez la mère Doisy... Je l'attendrai à midi. C'est en plein jour ; on ne soupçonnera pas qu'elle vient me voir.

— C'est bien ! dit Jean d'un air embarrassé.

Le lendemain, le père Glam attendait depuis une heure, quand Simon parut seul.

— Et Catherine ? demanda le père Glam.

Le pêcheur se gratta le front.

— C'est qu'elle n'a pas pu venir, dit-il.

— Catherine ! Qu'est-ce que tu me contes là ? s'écria le père Glam. Voyons, parle, il y a quelque chose là-dessous.

Simon tortillait son bonnet de laine entre ses doigts.

— Elle est allée à Caen pour un ouvrage, reprit-il en baissant les yeux.

— La petite à Caen ?... lorsqu'elle pourrait m'embrasser ! Allons donc...

Simon se tut.

— Voyons ! reprit le père Glam, que me caches-tu ?

— Eh ! pardine ! dit la mère Doisy, c'est pour ne pas vous affliger qu'il se tait, ce garçon… Catherine est malade.

— Malade, la petite ! répéta le garde.

— Eh ! rassurez-vous, s'écria Simon qui le voyait tout tremblant ; elle est au lit, c'est vrai, mais ce ne sera rien.

Le père Glam courut vers la porte.

— Y pensez-vous ? reprit Simon… et les gendarmes ?

— Je me moque bien des gendarmes ! s'écria le père Glam.

Simon le connaissait trop pour s'opposer plus longtemps à son projet. Il le suivit donc. Le père Glam marchait fort vite, malgré le tic de sa jambe gauche. Chemin faisant, il questionna Simon sur l'origine de cette maladie.

— Ça lui est venu après votre départ, répondit le pécheur. Il y avait déjà quelques jours que ça couvait. Ce sont toutes ces émotions qui l'ont abattue. Elle a lutté tant qu'elle a pu. Un soir elle grelottait. Je lui ai demandé si elle avait froid. « Non, c'est la fièvre, » m'a-t-elle dit. Elle s'est couchée de bonne heure, et n'a pu se relever. La veille, par la pluie, elle était allée à Dozullé chez l'huissier. Il n'y était pas. Depuis lors elle n'a pas quitté le lit. Ça la désespère à cause du travail qui attend. Ah ! pourquoi n'avez-vous pas voulu qu'elle épousât Pacôme ? vous seriez tranquilles tous deux.

De grosses larmes tombaient des yeux du père Glam : mais il secouait la tête.

— Je te dis qu'elle ne serait pas heureuse avec lui, reprit-il.

— Cependant, puisqu'elle s'y résigne, et moi aussi.

— Ah bah ! dit le père Glam... je ne suis pas dupe de vos singeries... Tout ça, c'est pour m'assurer une bonne soupe et un bon lit... Je n'en veux pas.

Ils arrivèrent causant ainsi au Clos-Pommier. La vache, qui était à paître dans son coin, poussa un long mugissement en relevant son mufle.

— Elle me reconnaît, la pauvre bête ! dit le père Glam.

Il entra dans la maison et courut vers le lit de sa fille. Catherine et lui s'embrassèrent en pleurant. Pendant plusieurs minutes ils restèrent dans les bras l'un de l'autre.

— Ah ! faut-il que ce soit moi qui t'aie mise dans un pareil état ! dit enfin le père Glam.

— Eh ! non, père, ce n'est pas vous ! On est malade, parce qu'on est malade, répondit Catherine.

Le premier moment d'effusion passé, elle trembla pour lui.

— Pourquoi l'avez-vous laissé venir ? dit-elle à Simon.

— Et qui l'aurait retenu ! On aurait dit un poulain quand il fait du vent, répliqua le pêcheur.

— C'est qu'on vous guette : il y a toujours quelqu'un à rôder autour de la maison ! dit Catherine...

— Eh bien ! tant mieux, je ne serais pas fâché d'être arrêté.

Catherine regarda son père.

— Oh ! ne crains rien, reprit-il, il n'y a plus rien de Fulgence ici... Je ne me fâcherai pas.

Les craintes de Catherine n'étaient que trop fondées. Un des hommes apostés par les Hennebaut autour du Clos-Pommier courut chez l'adjoint et le prévint de la présence du père Glam. Un quart d'heure après, le brigadier était averti, et il fallut bien expédier un gendarme de Dozullé. Le gendarme entra d'un air gauche chez le vieux garde. C'était précisément celui qui avait envoyé son fils avec les deux lignes écrites au crayon.

— Allons, père Glam, il faut me suivre, dit-il.

— Volontiers, mon brave, dit le père Glam, vous m'avez déjà rendu un petit service, vous allez m'en rendre un second.

— Dame ! si ça dépend de moi ;... mais vous comprenez, à présent je réponds de vous.

— Oh ! n'ayez pas peur, je n'ai aucune envie de m'échapper... je veux vous prier seulement de me conduire chez M. Pelavoix.

Le gendarme ôta et remit son gant.

— Eh bien ! soit, dit-il.

Le père Glam se pencha vers sa fille.

— Sois tranquille, je reviendrai, dit-il.

M. Pelavoix occupait à Dozullé une jolie petite maison à persiennes vertes, située dans la plus belle rue. L'huissier, qui venait de dîner, se chauffait gaiement dans une pièce au rez-de chaussée. Il était vêtu d'une robe de chambre à ramages, dégustait à petits coups une tasse de café, et regardait son mobilier d'acajou bien luisant, d'un œil de complaisance. Au nom du père Glam, que lui jeta une servante, il fronça le sourcil.

— Ah ! le coquin qui a battu mon clerc, dit-il ? qu'il entre.

Le père Glam se présenta, son feutre à la main, suivi du gendarme.

— Ah ! vous l'avez capturé ! S'est-il défendu ? demanda M. Pelavoix.

— Lui ? Ah ! le pauvre homme, c'est un agneau, répondit le gendarme.

L'huissier fit un bond.

— Un agneau, ce scélérat qui a failli m'étrangler ! s'écria-t-il. La prison lui fera voir ce que c'est que de malmener un huissier.

Le père Glam pétrissait son chapeau entre ses doigts.

Tout à coup il se jeta à genoux et joignit les mains :

— Battez-moi, monsieur, dit-il, battez-moi, mais laissez-moi soigner la petite.

L'huissier resta tout interdit. Le café refroidissait dans la tasse, et il ne songeait plus à le boire.

— Elle est au lit, malade. Qui voulez-vous qui prenne soin d'elle, si ce n'est moi ? reprit-il.

Tout le visage du pauvre garde était contracté ; son menton tremblait.

— N'ayez pas peur que je veuille me sauver, continua-t-il ; aussitôt qu'elle sera guérie, vous ferez de moi ce que vous voudrez.

M. Pelavoix était bon homme au fond, malgré certains airs d'importance qu'il se donnait dans l'occasion. Les paroles du père Glam et cette action d'un homme qu'il avait vu dans un transport de colère l'émurent malgré lui.

— Est-ce que cette demoiselle est vraiment malade ? demanda-t-il au gendarme.

— Eh ! oui... je viens de la voir couchée tout

de son long dans son lit, répondit le gendarme ;
il n'a fait que me parler d'elle du Clos-Pommier
ici, et il y mettait un tel feu que j'ai failli en
pleurer... Vous êtes nouveau dans le pays, monsieur Pelavoix, ce qui fait que vous ne connais-
sez pas le père Glam ; mais il n'y a pas de
meilleur père à dix lieues à la ronde.

— C'est qu'il n'y en a pas qui ait eu des enfants comme les miens ; répondit le père Glam
toujours à genoux.

— Comment se fait-il qu'un si brave homme
ait levé le bâton sur les gens de loi ? dit l'huissier.

— Tenez, reprit le gendarme, je vais vous
dire tout.

Et il lui raconta l'histoire de Fulgence et de
sa mort. « On ne sait que ça dans tout le pays, »
dit-il en finissant.

— Quand j'ai vu qu'on touchait à ses habits,
j'ai eu comme un éblouissement, dit alors le
père Glam... Donnez-moi quelques jours, vous
m'enverrez en prison après.

L'huissier n'y tint plus.

— Vous envoyer en prison, mon pauvre

homme ! jamais ! s'écria-t-il ; je retire ma
plainte... Relevez-vous bien vite et courez vers
votre fille. Je suis tout bouleversé moi... Ah !
vous pouvez demeurer au Clos-Pommier tant
qu'il vous plaira... ce n'est plus moi qui vous
tourmenterai.

Le père Glam sauta sur ses pieds.

— Je puis m'en aller, bien vrai ? dit-il.

— Tout de suite... Et, s'il ne faut qu'un à-
compte pour arranger vos affaires, parbleu !
c'est moi qui le compterai au père Hennebaut.

— Et nous vous y aiderons, monsieur, ajouta
le gendarme en plantant son tricorne sur sa
tête... J'ai mon idée, et je cours la mettre à
exécution.

VI

Si le premier mouvement était bon chez M. Pelavoix, le second n'était pas mauvais. Il tira de
son bureau une somme ronde et la mit de côté
pour la porter au père Hennebaut.

— Si le père Glam est un brave homme,
comme il paraît, se dit-il, il me la rendra quelque jour.

Il fit même plus : il réunit les pièces de la procédure qui lui avaient été confiées par le père
Hennebaut, et se promit de mettre tout en usage
pour déterminer son client à se désister de sa
poursuite. Il espérait d'autant plus y réussir, que
l'adjoint ne lui avait pas paru très-animé contre

le père Glam la dernière fois qu'il l'avait vu. Malheureusement les vrais motifs de cette tolérance inaccoutumée échappaient entièrement à M. Pelavoix. Depuis que le vieux garde avait pris la fuite, il importait peu au père Hennebaut de le dépouiller d'un bien dont il ne pouvait plus jouir et que l'adjoint était assuré de retrouver toujours. Les gendarmes mis aux trousses du père Glam, il n'était plus besoin de recors. Bien plus même, en laissant à Catherine la faculté de rester au Clos-Pommier, le père Hennebaut agissait comme le chasseur, qui laisse un oiseau en cage pour ramener les fugitifs.

Cette marche savante, qui donnait au père Hennebaut les apparences de la douceur, bien arrêtée, Pacôme se proposait, aussitôt que le père Glam serait tombé au pouvoir des gendarmes, d'agir auprès de Catherine et de lui promettre le désistement de l'huissier au cas où elle consentirait à l'épouser. On a vu comment ce beau plan avait manqué, grâce à la sensibilité de l'huissier, et c'était une chose, on en conviendra, à laquelle le père Hennebaut ne pouvait pas s'attendre.

6

Il était donc à table quand M. Pelavoix vint lui apporter un petit sac d'écus de la part du père Glam. Le père Hennebaut ouvrit de grands yeux ; sa fourchette resta suspendue en .l'air. Il n'en croyait pas ce qu'il voyait.

— Où diable le pauvre homme a-t-il pu se procurer cette somme? dit-il en dénouant les cordons du sac.

Pacôme pensa que quelqu'un des parents que le père Glam avait obligés autrefois s'était décidé à lui venir en aide.

—Voilà une affaire en bon chemin, dit-il d'un air doucereux, et certes nous lui laisserons bien quelque temps pour payer le reste ; la vôtre sera plus difficile à arranger... Il a dû coucher en prison cette nuit, cet enragé de père Glam ?

— Point, messieurs, il a couché au Clos-Pommier, dit M. Pelavoix, qui conta aux Hennebaut comment il avait relâché le père Glam, et comment il avait écrit sur l'heure au parquet de Caen pour retirer sa plainte.

Pacôme et le père Hennebaut se regardèrent. De bon cœur le fils eût étranglé l'huissier. Il ne

fallait plus à présent penser à faire céder le père
Glam. Pacôme frappa du poing sur la table.

— Alors, dit-il, les poursuites vont recommencer.

— Hein ! dit M. Pelavoix tout surpris.

— Et ne perdez pas une minute... S'il a de
l'argent, qu'il paye ; sinon, il faut que le Clos-
Pommier soit vendu sous trois jours.

L'huissier fut saisi d'un mouvement d'indignation.

— Mais, dit-il, tout à l'heure vous consentiez
à lui donner du temps.

— Tout à l'heure, c'était tout à l'heure ; à
présent, c'est à présent, s'écria Pacôme, dont
les yeux gris avaient l'éclat et la dureté de l'a-
cier... Allez, vous dis-je, et n'épargnez pas les
frais !

M. Pelavoix se leva.

— Ma foi, dit-il, j'y perdrai peut-être votre
clientèle, mais il ne sera pas dit que j'aurai con-
tribué à mettre ce pauvre homme sur la paille.

On se sépara là-dessus, et cinq minutes après
on pouvait voir Pacôme courant au grand galop
dans la direction de Lisieux, où il était sûr de

trouver un collègue de M. Pelavoix. Il tenait à la main le dossier de la procédure.

Pendant que ces choses se passaient à Varaville, le gendarme qui avait arrêté le père Glam communiquait à son brigadier le beau projet dont il avait conçu l'idée chez M. Pelavoix. Le brigadier l'adopta avec empressement, autorisa ses hommes à faire abandon de trois jours de paye en faveur du pauvre garde, souscrivit lui-même pour une somme égale, et donna permission à l'inventeur de promener cette liste dans le canton.

Le juge de paix, le percepteur, le receveur municipal, souscrivirent. Les maires de Troarn, de Dozullé, de Dives, de Cabourg, de Beuzeval, donnèrent quelque chose, les principaux fermiers aussi ; malheureusement la saison était trop avancée pour qu'on trouvât rien dans les châteaux, dont les propriétaires étaient partis. Au bout de quarante-huit heures cependant, un petit sac était plein de pièces blanches et de menue monnaie, parmi lesquelles brillaient d'un éclat séduisant quelques beaux louis d'or.

Le gendarme, tout joyeux, se présenta chez

le père Glam, qui ne bougeait pas de la chambre de Catherine. La gêne commençait durement à se faire sentir dans le ménage. Catherine ne travaillait plus, et ses petites épargnes, qu'elle économisait avec grand soin, s'en allaient pièce à pièce ; elle ne souffrait pas qu'on prît rien à crédit, et l'inquiétude où elle vivait l'empêchait de guérir aussi promptement qu'elle l'aurait désiré. A la vue de la sacoche que le gendarme posa sur la table d'un air ravi, le père Glam eut la même pensée que Pacôme.

— Est-ce ma cousine Bonnier ou le père Giraud qui m'envoie cet argent ? dit-il.

— Non pas, c'est tout le monde ! répondit le gendarme, qui, n'y voyant pas de mal, raconta ce qu'il avait fait et comment on avait répondu à sa requête partout où il s'était présenté.

La figure hâlée du père Glam rougit jusqu'au yeux.

— Mais c'est une aumône ! dit-il.

— Ça ? reprit le gendarme ébahi ; ça prouve seulement qu'on vous estime et qu'on vous aime.

6*

La main du père Glam restait sur le sac. Tout à coup il le repoussa.

— Tant pis, reprit-il, je n'ai rien demandé, je ne veux rien.

Une expression de chagrin se peignit sur le visage du soldat.

— Ce n'est pas de la fierté, père Glam, dit-il, c'est du mauvais orgueil... Si vous ne voulez pas de cet argent qu'on vous a donné de bon cœur, jetez-le par la fenêtre... moi, je ne m'en charge plus.

— Vous avez raison, répondit le père Glam, en revenant sur son premier mouvement... merci de m'avoir fait sentir que je n'ai pas le droit de refuser quand la petite est malade... elle aura du bouillon tous les jours.

Le soir même, le père Glam, Simon et le gendarme dînèrent de compagnie. On but au rétablissement de Catherine ; un peu de gaieté parut autour de la modeste table.

— Ah ! dit Simon, il y avait longtemps que je n'avais ri !... Les beaux jours vont revenir peut-être.

Cette bonne soirée fit plus pour la guérison

de Catherine que toutes les tisanes qu'elle bu-
vait. Dès le lendemain, elle se sentait soulagée
et en état de reprendre son coussinet de soie
verte et ses petites bobines ; mais dès le lendemain aussi le papier timbré rentrait dans la maison. L'huissier auquel Pacôme s'était adressé
menait rondement les affaires.

Le rayon d'espoir que l'intervention de M. Pe-
la voix avait fait briller aux yeux du père Glam
fut bientôt évanoui. Cette conviction que le Clos-
Pommier, où la famille vivait depuis tant d'années, était perdu, Simon et Catherine la partageaient.

— Il faudrait un miracle pour le sauver, et il
n'y en a plus ! disait Jean.

Catherine s'était remise à l'ouvrage avec une
ardeur où l'on sentait comme la fièvre ; mais ce
qu'elle gagnait n'aurait pas suffi en deux ans à
payer le père Hennebaut. Jean la prit à part :

— Le père Glam a beau dire, il est facile de
voir que la pensée d'être mis hors de chez lui le
mine sourdement, dit-il ! notre première réso-
lution est la meilleure, la seule bonne même.
Cependant j'ai une dernière ressource dont je

veux user. Je vais de ce pas à Honfleur chez un parrain qui est fort avare, mais qui a quelque amitié pour moi. Je lui ferai part de mon projet de reprendre du service en mer ; peut-être m'avancera-t-il quelque argent. Si je l'obtiens, je reviendrai et vous l'apporterai ; s'il me renvoie, eh bien : vous irez chez le père Hennebaut. Une fille se doit à son père.

— Allez, dit Catherine, vous avez un bon cœur et Dieu vous bénira.

Le clos n'était pas vendu quand Jean revint d'Honfleur. Il avait la mine radieuse.

— Ah ! dit-il, je n'ai pas perdu ma journée. Le parrain a paru charmé de mon idée, je pars donc ; à mon retour, il me fera patron d'un gros bateau de pêche qu'on est en train de construire pour lui. De plus il me confiera une petite pacotille, si mon premier voyage me mène aux îles, et en attendant il m'a glissé ce rouleau de pièces blanches dans la main. C'est le gain d'un procès qui l'a rendu si généreux.

Jean posa le rouleau sur la table.

— Pesez, père Glam, reprit-il, il est lourd, Avec ça et ce que le gendarme vous a remis, on pourra faire patienter le père Hennebaut. Vous ne vous défendez pas, et c'est un tort... Je suis sûr qu'avec quelques écus dépensés à propos, on trouverait à Caen ou à Lisieux un homme d'affaires qui vous ferait gagner du temps. On n'est pas si pauvre, grâce à Dieu ! quand on a ce rouleau et le sac de l'autre jour.

Parlant ainsi, Jean ouvrit le tiroir dans lequel le père Glam serrait son argent. Il était vide ; il regarda au fond du tiroir, le sac n'y était plus.

— Vous a-t-on volé, père Glam ? s'écria-t-il.

Le vieux garde frappait contre le rebord de la table avec le manche de son couteau. Son air embarrassé fut remarqué par Catherine.

— Si vous en avez disposé, mon père, il faut le dire ; cet argent était à vous, dit-elle.

— Je vais tout vous raconter ; tu me gronderas après si tu veux, petite, répondit le pauvre homme d'un air chagrin. C'est hier que la chose s'est passée. Tu étais en course, moi je pensais à nos tristes affaires. Voilà tout à coup que le père Doisy entre ; sa figure me fit peur.

« Ah ! » me dit-il, « il m'arrive un grand malheur ; le coup de vent qu'il a fait cette nuit a
emporté mes filets... Il n'y a plus un petit
écu à la maison ; c'est la vieille qui va pleurer
quand elle saura tout ! » Là-dessus le vieux
s'est jeté sur une chaise, sa tête entre les mains.
Il faisait mal à voir. Bien sûr il y a un sort sur
cette maison !... Vous savez en outre comment
le père Doisy et sa femme ont caché la caisse
de Fulgence dans leur logis et m'ont hébergé du
meilleur de leur cœur pendant huit jours : ils
voulaient me donner leur lit. « Ça ! voyons ! ai-
je répondu à mon vieux, qu'allez-vous faire ?
— Est-ce qu'on sait ? » m'a-t-il dit ; « on vivra
à la grâce de Dieu. » Il avait la figure comme
un mort : moi, ça m'avait remué les entrailles.
Tout à coup je me suis souvenu de l'argent que
le gendarme avait laissé là. J'ai ouvert le tiroir
comme poussé par un ressort. « Prenez ! » lui
ai-je dit. Il fallait voir son visage ; c'était comme si je l'avais tiré du tombeau. Le pauvre
vieux qui n'avait pas eu une larme dans son
malheur, pleurait de joie. Il a tout emporté, et
voilà pourquoi il n'y a plus rien.

— Vous avez bien fait, mon père ; ce pauvre vieux Doisy est encore plus malheureux que nous, répondit Catherine.

On se mit à table pour dîner. Personne n'avait faim. Catherine et Simon échangeaient des regards furtifs, une sorte de tristesse se glissait entre ces trois convives unis par tant de liens. Ils avaient comme le pressentiment d'un malheur. Tout à coup le père Glam qui ne disait plus rien depuis sa confession, se leva et se frappant le front avec violence :

— Ah ! je vois bien que j'ai eu tort ! dit-il. J'aurais pu disposer de cet argent si j'avais été seul ; mais j'ai une fille et voilà ce que j'oublie trop souvent... J'ai agi toute ma vie comme un mauvais père, comme un malhonnête homme.

Catherine se leva tout effrayée.

— Ah ! mon père que dites-vous là ? s'écria-t-elle.

— Je dis ce qui est ! reprit le père Glam, dont le visage exprimait tous les bouleversements de la tendresse aux prises avec les remords. Est-ce que j'ai agi en bon père ! ai-je eu seulement la prévoyance de l'oiseau qui porte à ses petits le moucheron qu'il a trouvé? Non ! j'ai tout gaspillé, tout perdu. Et te voilà malheureuse à cause de moi ! Ah ! c'est à croire que j'ai le cœur mauvais !

Il se cacha le visage entre ses mains ; sa rude poitrine était soulevée par des sanglots. Jamais Catherine ne l'avait vu dans un pareil état depuis la mort de Fulgence. Elle se jeta au cou de son père et l'embrassa avec passion.

— Si vous ne voulez pas me faire mourir de chagrin, dit-elle, taisez-vous ; parler ainsi, c'est offenser Dieu.

— Ah ! je sais que tu es une brave fille, reprit le père Glam qui laissa voir son visage tout trempé de larmes, et c'est pour cela que je m'en veux. Mais, va, je me punirai... c'est dur de tendre la main à mon âge quand on ne l'a jamais fait... Eh bien, j'irai à Mézidon pas plus tard que cette nuit ; je frapperai à la porte de ton oncle, M. Donavieu, et, s'il a quelque chose dans le cœur, il s'attendrira.

Rien ne put empêcher le père Glam de mettre on projet à exécution sur-le-champ. Il prit un

gros caban de laine, un bâton et sortit. Une minute après, on ne le voyait plus.

Quand ils furent seuls, Catherine et Simon se
regardèrent.

— Quel est ce M. Donavieu dont parle votre
père ? dit Simon ; c'est la première fois que j'ap-
prends que vous avez un oncle à Mézidon.

— C'est un marchand grènetier fort riche,
répondit Catherine ; mon père l'a obligé autrefois, c'est pour cela qu'il n'en parle jamais.

— Y a-t-il quelque chose à espérer de ce
côté-là ?

Catherine secoua la tête. Simon prit un bout
de bois et tisonna le feu.

— Tenez, Catherine, reprit-il, ce qu'il y a de
plus simple est encore ce que nous avons trouvé.
Votre père a beau dire que, par amitié pour
moi et par respect pour la mémoire de Fulgence,
il ne veut pas de votre mariage avec Pacôme,
votre devoir est là ; je ne vois pas d'autre moyen
d'en finir. Il aura la paix, et ce pauvre vieux ne
sera plus obligé de courir la nuit comme il le
fait à présent.

— J'y étais résignée, répondit Catherine ; c'est lui qui n'a pas voulu.

— Faites-lui voir que vous êtes décidée, il cédera. Au moins on meurt tranquille quand on a fait ce qu'on doit.

— C'est vrai !... Ce qui m'arrête, c'est la crainte de désobéir à mon père, et de le chagriner dans ses idées.

— C'est pour son bien que vous le faites ; il n'y a donc pas à hésiter. Personne ne vous blâmera, et moi j'y consens. C'est un crève-cœur, mais on est un homme. Ainsi, dès demain, faites que Pacôme publie les bans.

— Je le ferai donc, puisque c'est votre volonté... Une voix me crie que vous avez raison.

Il y eut un moment de silence. Le pêcheur regarda par la fenêtre. La pluie tombait par rafale.

— Comme il fait noir ! dit-il. L'an dernier, par un temps pareil, un coup de vent m'a jeté à la côte avec le lougre que je montais... Le bâtiment a été perdu. Le mois de décembre ne m'est jamais bon.

Catherine ôta de son cou un cordonnet de soie

auquel étaient attachés trois petits bijoux d'or, un cœur, une ancre et une croix, que son père lui avait donnés au temps de sa prosperité.

— Portez-les en souvenir de moi, » dit-elle avec un regard plein de tristesse.

Simon passa le cordonnet à son cou.

— Vous êtes bonne, Catherine, reprit-il ; je sais bien que jamais, où que j'aille, je ne trouverai une femme pareille à vous.

Ils comprenaient bien tous deux que c'était la dernière soirée qu'ils passaient ensemble. Simon ne voulut pas prolonger l'entretien dans la crainte de s'attendrir. Il se leva brusquement.

— Il se fait tard, dit-il ; il faut que demain, avant le jour, je sois à Honfleur.

— Sitôt ! dit Catherine avec un frémissement dont elle ne fut pas maîtresse.

— Eh ! répondit Jean, le plus tôt sera le mieux.

Elle lui tendit la main ; il la prit entre les siennes et la serra à la broyer. Ses paupières étaient gonflées. Tout à coup il sauta sur la porte, la poussa et disparut.

Catherine l'écouta s'en aller ; pendant quelques minutes elle entendit le bruit de ses pas sur le chemin de Carbourg. Puis le vent emporta le son. Elle se sentit alors seule, et un grand chagrin la prit. Cette séparation nouvelle lui était plus douloureuse que la première ; c'était comme une plaie qu'on déchire au moment où elle allait être cicatrisée.

— Adieu mon bonheur ! murmura-t-elle.

Elle était comme affaissée près de la table, les bras pendants, regardant la chaise où tout à l'heure encore Simon était assis.

Quand elle vit que les larmes la gagnaient, elle fit un effort sur elle-même et se mit à tout ranger dans la maison. Elle était si bien pliée au travail, que ce n'était plus la fatigue pour elle. Le mouvement apaisa sa peine. Elle se coucha et put dormir un peu ; mais, chaque fois qu'elle se réveillait, elle sanglotait.

Le père Glam arriva de Mézidon vers midi. Catherine vit bien à son air qu'il n'avait rien obtenu.

— Que vous a-t-il répondu ? demanda-t-elle.

— Il m'a dit que le commerce n'allait pas bien, et que d'ailleurs tous ses fonds étaient employés.... Puis il m'a rappelé qu'il avait

rendu la somme que jadis je lui avais prêtée.
Ça, je le savais. Il a fini par me dire que j'avais
tort d'obliger les gens, et que c'était un moyen
de faire des ingrats. Là-dessus j'ai pris mon
chapeau ponr m'en aller ; puis j'ai pensé à toi…
Il a ajouté tout de suite qu'il pourrait peut-être
te trouver une place de servante à Mézidon.

Catherine s'approcha de son père, auquel elle
avait servi à déjeuner et qui ne mangeait pas ;
il avait un air d'accablement qui le navrait.

— J'ai une grâce à vous demander, dit-elle.

— Toi, petite ?

— Donnez-moi la permission d'épouser Pacôme.

A ce nom, le père Glam sauta sur sa chaise.
Catherine lui saisit la main.

— Je vous en supplie ! répéta-t-elle.

— Et Simon ? demanda le père Glam.

— Il est parti.

Le père Glam laissa tomber sa tête sur sa poitrine.

— Fais ce que tu voudras, dit-il; mais si c'est
pour moi, tu as tort : toi mariée, je ne resterai
pas au Clos-Pommier.

VII

Le consentement de son père arraché, Catherine n'en désirait pas davantage. Elle espérait
bien, plus tard, l'amener à d'autres idées. Pour
ne pas lui donner le temps de revenir sur cette
parole, elle se dirigea sur-le-champ vers la
maison du père Hennebaut. Cette fois elle marchait fort vite, comme une personne pressée
d'en finir.

Pacôme était au logis, assis devant une table, débattant les conditions d'un marché à la
façon normande, le verre à la main. Il aperçut
Catherine à travers la vitre, et laissa tomber
son verre plus lourdement sur la table. Un valet

de ferme lui dit que quelqu'un le demandait. Son premier mouvement fut de se lever, puis il se rassit.

— Qu'on attende, répondit-il sans tourner la tête.

— Mais c'est mamzelle Catherine, répliqua le valet.

— Eh bien ! j'ai dit qu'on attende ! reprit-il. Laisse-nous. »

Et il prit la bouteille pour remplir le verre ; seulement la bouteille tremblait dans sa main et frappait le bord du verre à petits coups.

Catherine s'assit sur un banc. Ce Servais, dont Pacôme avait parlé une fois, était là par hasard. C'était un garçon de Varaville qui avait une assez vilaine réputation. Il était jardinier de son état et braconnier de profession, avec un peu de bien qui l'aidait à faire le beau. Servais chercha à nouer conversation avec la fille du père Glam. Elle s'enveloppa de sa mante et détourna la tête.

— Bon ! murmura Servais, elle fait sa mijaurée, on s'en souviendra.

Pacôme resta plus d'une demi-heure à table.

Il voyait Catherine par-dessus l'épaule de son interlocuteur et n'entendait pas bien ce qu'on lui disait. Quand le marché fut conclu, il s'approcha d'elle.

— Qu'est-ce qu'il y a pour votre service, mamzelle ? dit-il.

Catherine étouffait ; cependant elle trouva le moyen de répondre que, s'il voulait se présenter chez le père Glam, il aurait son consentement à leur mariage.

Servais, qui n'avait pas bougé, sourit.

— Eh ! il y a mis le temps ! dit-il à demi-voix. Le rouge monta au visage de Pacôme.

— Oui-dà ! répliqua-t-il ; qu'il me l'apporte donc ce consentement ? Il a fait l'insulte, qu'il fasse la réparation.

Catherine se leva toute droite.

— Vous êtes dur aux pauvres gens, dit-elle ; et sans ajouter une parole elle se retira lentement.

Pacôme fit un pas vers elle ; mais, comme Servais le regardait, il s'arrêta.

— Est-ce que vraiment vous l'épouseriez, cette pauvresse qui se donne et se reprend avec de

si grands airs ? dit-il ; ce serait beaucoup de
bonté, après la sottise que le père vous a faite.

— Moi ! dit Pacôme, dont l'orgueil venait de
se révolter , oh ! que nenni ! D'abord, si le père
Glam vient, je la refuserai ; après quoi, si elle
veut causer avec moi à la brune, on verra à s'arranger.

Servais se mit à rire d'un gros rire. Pacôme
avait envie de lui couper la figure à coup de
fouet.

— Çà ! que je t'y reprenne à braconner, s'écria
t-il brusquement et le visage en feu, et tu auras
de mes nouvelles !

Il donna violemment un coup de pied à une
clôture et laissa là Servais.

Quand elle arriva au Clos-Pommier, Catherine
avait le visage si décomposé que le père Glam
eut tout de suite la pensée qu'elle avait vu Pacôme.

— Tu as été à Varaville ? dit-il.

Catherine lui raconta le résultat de sa visite.
Le père Glam enfonça son bonnet sur ses yeux.

— Moi, chez les Hennebaut.... et pour te vendre encore.... jamais ! s'écria-t-il.

Le père Glam prit sa fille par la main et l'entraîna chez la mère Doisy.

— Si je voyais les gens de justice, disait-il, bien sûr il arriverait un malheur.

Il marchait tout droit devant lui sans retourner la tête.

— Ne te désespère pas, petite, reprenait-il ; j'ai appris hier que du côté de Lisieux il y a un château où l'on a besoin d'un garde, nous irons voir...

Il s'y rendit en effet, mais la place était donnée.

Pendant plusieurs jours il battit le pays, cherchant un emploi. Catherine faisait de la dentelle. Au bout de la semaine, le vieux garde n'avait rien trouvé. Son désespoir ne saurait se peindre ; comme un viel arbre qui a subi l'assaut de cent orages et qu'un dernier coup de vent fait craquer, il plia sous cette nouvelle épreuve. « Le sort est contre moi, » répétait-il sans cesse. Cet homme, qui toute sa vie avait donné sans compter, sans même se souvenir, se troublait à la pensée de devoir quelque argent. Il se mit à travailler la terre et à raccommoder des filets, traînant son pauvre corps partout, de la mer à la campagne, et cherchant de l'ouvrage. Si sa fille ne l'en avait empêché, il n'aurait pris de repos ni jour ni nuit.

Sur ces entrefaites, un matin que Pacôme allait aux herbages, il rencontra Servais qui passait, cachant un lièvre sous sa blouse.

— Hé, Pacôme ? savez-vous la nouvelle ! dit-il.

— Quelle nouvelle ? répondit Pacôme.

— Si la fille du père Glam ne vous a pas encore donné de rendez-vous, m'est avis que vous vous dépêchiez. Le parrain de Simon est mort à Honfleur subitement. On a ouvert le testament. C'est Jean qui a tout.

— Jean Simon !

— Il s'agit de quinze ou vingt mille francs pour le moins, en beaux écus, sans compter un grand bateau et un champ. Voilà Jean riche comme un seigneur.

— Et où est-il, Jean ?

— Pardine ! il n'est pas à Honfleur, puisqu'il n'est pas ici. Il est en mer. Le notaire lui a écrit en adressant sa lettre au port d'arrivée. Sa lettre reçue, il partira comme une mouette, et vous pouvez gagner que le Clos-Pommier sera racheté et qu'il épousera Catherine.

— Qu'il l'épouse, répondit Pacôme.

Son accent avait une expression si singulière, que Servais jugea prudent de ne pas rester là. Pacôme avait dans les yeux quelque chose de la bête fauve. Une rage incroyable s'était allumée en lui à la pensée que tout ce qu'il avait fait devenait inutile par retour de Jean. Que lui servait à présent d'avoir le Clos-Pommier ? La passion réveillée en sursaut l'emportait dans son cœur et faisait taire les conseils de la vanité blessée. Il chercha si aucun moyen ne lui restait de l'emporter sur son rival.

— Mais Jean est loin... le père Glam ne sait rien encore ! pensa-t-il, illuminé par une idée subite.

Il jeta son fouet, mit une blouse neuve, un chapeau, et courut par le plus droit à la maison du père Doisy. Le père Glam était sur la porte, sa tête dans les mains, ne remuant pas ; sa fille, assise près de lui, travaillait au soleil.

— Père Glam, dit Pacôme, je viens me confesser à vous ; j'ai eu tort... Il ne faut pas m'en vouloir ; c'est l'envie que j'avais d'épouser Catherine qui m'a fait mal agir. Pardonnez-moi donc... et rentrez au Clos-Pommier.

Le père Glam, qui avait changé de visage à la vue de Pacôme, demeura tout supris. Il avait peine à en croire le témoignage de ses oreilles. Les bobines restaient oisives aux mains de Catherine.

— Est-ce bien vous qui parlez ? dit le garde.

— Ça vous étonne, père Glam, je le comprends ; mais le remords m'a pris cette nuit.... c'est pour ça que je suis venu. Le Clos-Pommier sera toujours à vous... que Catherine consente ou non à m'épouser.

Le front du père Glam se plissa légèrement.

— Je vous en fais encore la demande, reprit Pacôme ; la colère m'avait égaré l'autre jour quand j'ai répondu... Il dépend de vous de me rendre bien heureux.

— Cela regarde Catherine ; elle est majeure, répondit le père Glam.

Catherine devint toute pâle.

— Je vous remercie, Pacôme, vous avez bien agi.

Elle se leva et mit sa main dans celle de Pacôme.

— Enfin ! murmura le fermier, dont les yeux gris étincelèrent d'une joie orgueilleuse.

Pacôme fit si bien que le mariage eut lieu trois semaines après. Il craignait toujours que Simon n'arrivât avant qu'il eût conduit Catherine à l'église. Le jour des noces, la vanité des Hennebaut l'emporta sur leur avarice. Toutes leurs connaissances de Varaville et des environs trouvèrent à dîner chez eux. Des barriques de cidre étaient dans le clos, ouvertes pour tout le monde. Catherine avait une robe blanche en soie qu'on avait fait venir de Caen et une croix de diamants qui fit l'admiration du pays. Dix musiciens ne cessèrent pas de jouer de leurs instruments ; on soupa et l'on dansa toute la nuit. Il y avait du vin à profusion pour la table des gros fermiers et des notables de l'endroit ; les filles trouvèrent des nœuds de rubans sur leurs assiettes ; des paniers remplis de gâteaux et de brioches circulaient partout. Des centaines de coups de fusil avaient éclaté sur le passage des époux. Pacôme avait donné une chasuble neuve au curé qui célébra la messe. Rien ne lui paraissait trop cher. Catherine reçut les compliments de l'assistance avec une simplicité grave, où la tristesse perçait quelquefois. Deux fois elle regarda du côté de la mer avec un grand soupir. Le père Glam, qui avait paru à la mairie et à l'église, se violenta pour rester pendant la fête. Depuis la parole donnée par sa fille, un chagrin noir le consumait. Il l'éprouvait bien plus encore qu'il ne le laissait voir. Grâce à l'intervention du père Hennebaut, on lui avait rendu sa plaque de garde. C'était le seul moment de joie qu'il eût goûté ; mais la protection à laquelle il le devait le lui gâtait en partie. Il voulut boire pour s'étourdir. Le premier verre lui resta à la gorge. Il se retira de bonne heure ; comme il passait devant le Clos-Pommier éclairé par une lune froide, il s'arrêta. On avait arraché l'affiche collée contre la porte. Quelques lambeaux de papier jaune frissonnaient encore au vent.

— Ah ! pauvre Fulgence ! pauvre Simon ! dit-il ; et, quoiqu'il eût la clef dans sa poche, il passa.

Le lendemain, Catherine se dépouilla de ses

riches vêtements et de ses bijoux. Elle serra le
tout dans une armoire et ne les remit plus.
Comme son mari insistait, le dimanche suivant
poar qu'elle s'en parât, elle refusa.

— Je ne vous ai point apporté de dot, dit-
elle ; il n'est pas juste que je mette de si beaux
ajustements.

Rien ne put la décider à revenir sur cette ré-
solution, et jamais elle n'ouvrit ses tiroirs, qui
étaient tout pleins de fichus, de robes et de bonnets que Pacôme avait achetés pour elle à la
ville.

— Ne la contrarie pas, disait le père Hennebaut à Pacôme qui la pressait de s'en servir ;
rien ne s'usera de cette façon, et un jour tout
sera neuf.

Ce que Pacôme lui avait dit de l'économie et
de l'ordre de Catherine se vérifiait. Toute chose
était à sa place, tout reluisait dans la maison,
et le travail s'y faisait avec promptitude et régularité. Pacôme regardait son père d'un air fier.

— Hein ! disait-il alors, ne nous rapportera-
t-elle pas bien quinze cents ou deux mille livres
par an, grâce à cette surveillance active ?

— Oui, oui, répondait le père Hennebaut ; mais un peu d'argent comptant n'eût pas mal fait.

Maître de Catherine, Pacôme s'efforçait de la conquérir. Il redoutait le choc que produirait le retour de Jean, et par mille attentions il voulait gagner un cœur où il ne se sentait pas encore. Catherine se résignait à ces attentions plus qu'elle ne les acceptait : Pacôme ne se décourageait pas. Quelquefois seulement l'irritation succédait à la tendresse ; sa nature violente reprenait le dessus, et il rudoyait sa femme. Dans ces occasions, elle ne se plaignait pas plus qu'elle ne le remerciait lorsqu'il était affectueux et bon. On aurait pu croire que Catherine s'était tracé une ligne de conduite ; elle n'y pensait cependant pas. Elle agissait ainsi parce qu'il lui était impossible d'agir autrement. Elle ne sentait plus son cœur. A présent qu'elle était mariée, elle voyait clairement l'étendue du sacrifice qu'elle avait fait à sa conscience. Hors du devoir absolu et scrupuleux, il n'y avait place pour rien dans sa vie. Le père Hennebaut, qui la voyait debout dès l'aurore, toujours l'aiguille ou la bobine à la main, vigilante et l'œil à tout, ne savait pas ce qu'on pouvait avoir à lui reprocher ; mais Pacôme, qui l'adorait, trouvait dans cette égalité d'humeur et cette froide régularité mille sujets de colère.

— Tu la tourmentes trop ! disait quelquefois le père.

Le fils frappait du pied.

— Ah ! répondait-il, je ne croyais pas l'aimer comme je l'aime !

Le souvenir de Jean était entre Catherine et lui comme un mur d'airain. Pacôme le sentait, et sa haine contre le pêcheur en était augmentée. Catherine, de son côté, vivait dans une contrainte qui altérait sa santé. Les belles couleurs de son teint s'étaient effacées ; elle dépérissait lentement. Quant au père Glam, il continuait à ne pas habiter le Clos-Pommier, qui restait fermé, et se montrait rarement à la métairie des Hennebaut. Jamais il n'avait fait de si longues et de si fréquentes tournées ; mais il ne parlait à personne et faisait de grands circuits pour éviter de traverser le village. Il était poursuivi de cette pensée que, s'il avait mis un peu moins de prodigalité dans sa conduite, Catherine et Simon seraient heureux.

— Ah ! disait-il, c'est ma folie qui a tout perdu.

Lui, qui n'avait jamais regardé à l'argent, mettait sou sur sou les petits gains que lui rapportaient les rudes travaux auxquels il se livrait. Le matin il allait à la pêche ; le soir il cultivait la terre ou s'employait comme calfat. Il vivait des moules qu'il ramassait le long des rochers et de quelques oiseaux de mer qu'il tuait. Son ambition était de rembourser aux Hennebaut tout ce qu'il leur devait. Le poids de cette dette l'écrassait bien plus encore depuis qu'il était leur parent.

La lettre que le notaire avait écrite à Simon pour lui faire part de l'héritage que lui laissait son parrain trouva le pêcheur dans un port de la mer Baltique. La joie de Simon ne peut se dépeindre. Il obtint du capitaine la permission de quitter le navire, et prit le plus court pour rentrer en France. Il n'était pas encore à Varaville qu'il savait la nouvelle du mariage de Catherine. Ce fut un coup de foudre pour lui, bien qu'il eût le pressentiment de ce malheur.

— Ah! elle m'a trop vite obéi, dit-il. »

Ce fut le seul cri de cet égoïsme du cœur dont les natures les plus dévouées ne peuvent se défendre. Le premier soin de Simon fut d'aller chez le père Doisy, où on lui avait dit que le père Glam s'était retiré. Le vieux garde fit un bond de joie en voyant son fils d'adoption et le serra dans ses bras.

— Ah! pourquoi a-t-elle épousé Pacôme ? s'écria-t-il.

— Ne lui reprochez rien, c'est moi qui l'ai voulu, répliqua Simon.

Il demanda ensuite au père Glam de lui permettre de payer aux Hennebaut cette dette, cause première de tant de malheurs.

— De cette manière vous pourrez jouir du Clos-Pommier sans remords, dit-il.

Le père Glam y consentit sur-le-champ. De la part de Simon il acceptait tout, comme il lui aurait tout donné. Sa simplicité de cœur le faisait arriver à la plus extrême délicatesse. Mais, en même temps qu'il rentrait en possession légitime de sa chère maison, il déclara à Jean qu'il ne comptait pas y retourner .

— Catherine n'y est plus ; qu'y ferai-je ? dit-il. Est-ce que je ne devine pas que ton idée est de ne pas rester au pays ?

Pendant que Simon cherchait une chaumière propre et commode pour y installer le père Glam, Catherine et Pacôme avaient appris son arrivée. A cette nouvelle, Pacôme changea de couleur ; il regarda sa femme : elle paraissait très-émue. Un mouvement de colère le saisit.

— Le voilà riche, dit-il ; Jean ne manquera pas de femmes à présent.

Catherine ne répondit pas.

— Est-ce que tu n'iras pas lui faire compliment de sa nouvelle fortune ? reprit Pacôme avec une âpre ironie.

— Je le verrai certainement, répliqua-t-elle alors ; mais ce ne sera pas pour ce motif.

— Tu le verras, Simon ! s'écria Pacôme.

— Et pourquoi ne le verrai-je pas ? Il a été comme mon frère, il a toujours été bon pour nous... Si je ne le voyais pas ; il serait en droit de m'accuser d'ingratitude.

Pacôme avait la main appuyée sur le dossier

d'une chaise ; il la souleva de terre violemment et la brisa en morceaux.

— Tu n'iras pas ! » s'écria-t-il.

Catherine le regarda froidement.

— Si vous avez quelque chose à me reprocher, reprit-elle, dites-le-moi, je verrai à réparer mes torts ; mais quant à m'empêcher de faire ce que ma conscience me commande, n'y comptez pas.

Le sang-froid de sa femme exaspéra Pacôme ; sa figure devint livide. On voyait qu'il ne se connaissait plus.

— Je te le défends ! s'écria-t-il la main levée.

— C'est inutile, répondit Catherine.

La main de Pacôme tomba sur l'épaule de Catherine avec une sauvage brutalité. Puis, la saisissant par le bras, il la secoua rudement et la poussa sur le grand fauteuil du père Hennebaut. Il semblait fou.

Catherine retroussa sa manche, et posant un doigt sur ses chairs meurtries :

— Je voulais lui dire que je n'avais cédé qu'à la contrainte, reprit-elle ; il le verra bien à present.

Elle en sortit lentement, Pacôme ferma les yeux comme un homme qui a un étourdissement, et tomba atterré sur le fauteuil qu'elle venait de quitter. Lorsque Catherine rentra, il ne lui adressa aucune question. Pacôme se sentait vaincu.

Ainsi que le père Glam l'avait prévu, Simon ne resta pas longtemps à Cabourg. Tout dans le pays lui parlait d'un bonheur qu'il ne pouvait plus espérer. La vue de Catherine au bras de Pacôme lui faisait mal. Dans tout ce qui était arrivé pendant son absence fatale, une chose surtout l'étonnait : c'était la démarche faite par Pacôme auprès du père Glam. Un si grand désintéressement n'était pas dans ses habitudes. Servais, qui en voulait aux Hennebaut à cause d'un procès-verbal que Pacôme avait fait dresser contre lui dans un jour de mauvaise humeur, raconta à Simon à la suite de quel entretien avait eu lieu cette demarche.

— Je comprends tout à présent ! dit Simon.

A cette nouvelle, le chagrin du père Glam en devint plus vif.

— Pourquoi ma fille n'a-t-elle pas tenu bon comme moi ? s'écria-t-il.

Simon lui représenta qu'elle avait agi pour son bien.

— Eh bien ! quoi ! j'aurais souffert ; je ne suis pas né dans du coton, répliqua brusquement le vieux garde.

Au bout d'un mois de séjour, un matin, Simon annonça au père Glam qu'il allait reprendre la mer.

— Je me suis raisonné, et rien n'y a fait, dit-il ; je vais mettre quelques centaines de lieues entre Catherine et moi... Si je guéris, je reviendrai ; si je meurs tout sera à vous.

Le père Glam passa le revers de sa main sur ses yeux.

— Si j'avais mes jambes d'autrefois, je te suivrais, répondit-il... Maintenant je reste au pays... ça ira tant que ça pourra.

Le départ de Simon calma la sourde irritation dans laquelle vivait Pacôme. Il respira plus librement. Catherine ne laissa rien paraître à la nouvelle de cette séparation qui pouvait être éternelle. On remarqua seulement qu'elle

resta plus longtemps en prière à l'église, où
elle se rendait presque tous les jours. Débar-
rassé de la crainte qui le tourmentait, Pacôme
se montra plus affable, et, comme aux premiers
jours de son mariage, il entourait sa femme
de soins et de prévenances où perçait à la fois
une sorte de timidité et un levain de colère dont
il contenait à grand'peine les bouillonnements.
Accoutumé à tout voir céder devant lui, il ne
comprenait pas la longue résistance qu'il rencontrait dans le cœur de celle qu'il avait choisie.
Qu'avait donc ce Jean Simon qu'il n'eût pas ?
Qu'elle l'eût aimé un jour quand elle était libre,
cela se concevait ; mais qu'elle ne fût pas heureuse, à présent que, femme de Pacôme et
maîtresse de la plus belle ferme de l'endroit,
elle pouvait comparer, voilà ce qui le remplissait d'étonnement et, par intervalles, d'une rage
qui partait en fusées. Le même calme et la
même patience, la même douceur et la même
fermeté l'accueillirent dans cette nouvelle tentative où son cœur et son orgueil étaient inté-
ressés au même degré. Mais, par un singulier
travail intérieur dont l'influence se devine plus

qu'elle ne s'explique, à mesure qu'il reconnais-
sait l'inutilité de ses efforts, son amour allait
en augmentant et son orgueil diminuait. Le
désespoir l'emportait sur sa colère.

Un jour qu'ils étaient seuls devant quelques
tisons à demi consumés, tristes et silencieux
tous deux, Pacôme prit la main de Catherine.
Les yeux de cet homme si dur étaient humides.

— Tu es ma femme et tu es bonne, dit-il ;
pourquoi me témoignes-tu si peu d'amitié ?

Le cœur de Catherine fut remué. Elle ne lui
connaissait pas cet accent plaintif.

— Je fais ce que je peux, dit-elle ; vous ai-je
manqué en quelque chose ?

Pacôme secoua la tête.

— Je n'ai point de reproche à te faire, sinon
que tu ne m'aimes pas... C'est mon chagrin de
tous les jours.

Catherine ne savait pas mentir elle détourna
les yeux sans répondre.

— Tu sais bien cependant comment je me
suis rendu auprès de ton père, reprit-il ; j'ai
confessé mes torts et les ai rachetés du mieux
que j'ai pu.

Cette fois, Catherine tressaillit comme un blessé dont on vient de toucher la plaie.

— Ne parlez pas de cela, dit-elle ; il y a des choses sur lesquelles il vaut mieux ne pas revenir.

Pacôme devina d'un regard qu'elle savait tout.

Pacôme eut un moment de colère folle. Il se leva, les deux bras en l'air ; mais rencontra les yeux de sa femme qui le regardait tranquillement.

— Croyez-vous que ça me fasse peur de mourir, dit-elle ; à présent que mon père a du pain.

Toute la colère de Pacôme tomba ; il s'affaissa sur sa chaise comme un corps inerte.

— Ah ! si j'ai mal fait, vous êtes bien vengée, dit-il.

VIII

Depuis le départ de Simon le père Glam vivait dans une solitude profonde ; le soir, il allumait sa pipe et s'enfermait avec la caisse d'où lentement et un à un il tirait les vêtements de Fulgence. Sa seule compagnie était le pauvre ménage Doisy, qu'il visitait quelquefois. Il ne voyait plus Catherine. Ce vieux garde, qu'on avait connu si bon et si communicatif, était comme un loup blessé. Pour ne pas rencontrer sa fille, il partait de grand matin et ne rentrait qu'à la nuit close. Il déjeunait au pied d'une haie, d'un morceau de pain, et dînait çà et là. Mais quand par hasard il surprenait des enfants pillant un pommier, il avait grand soin de siffler pour leur donner le temps de fuir.

Catherine était allée vingt fois à la cabane du père Glam sans le trouver jamais. Une petite fille qu'il avait prise par charité et pour lui faire gagner quelques sous, lui répondait invariablement que le garde était sorti pour aller aux champs. Elle se douta qu'il la fuyait. Ce lui fut un coup bien dur. Sa conscience lui criait bien haut qu'elle ne méritait pas un pareil traitement. Un soir, elle s'assit derrière un arbre, sur le chemin que le père Glam suivait pour regagner son lit. Dès qu'il fut auprès d'elle, Catherine se leva. Le père Glam, tout ému, la regarda.

— C'est toi ! dit-il.

— Vous attendiez-vous à ne plus me voir ? dit-elle d'une voix suffoquée par les larmes.

Le père Glam ne répondit pas. Il n'était pas moins attendri qu'elle, mais entêté dans son idée.

— Vous êtes cruel, reprit Catherine avec force ; si je ne vous respectais pas tant, je dirais injuste... Simon m'a pardonnée, lui ; que voulez-vous que je devienne entre un mari que je n'aime pas et un père qui ne m'aime plus ?

Ce dernier mot fondit la glace ; le père Glam prit Catherine entre ses bras.

— Ne plus t'aimer ! dit-il en l'accablant de baisers ; tu ne le crois pas ?

— Alors pourquoi me fuyez-vous ?

— Tu as raison, petite. Mais que veux-tu ? il me semble toujours entendre la voix de Fulgence qui te voulait pour femme à Simon, et je t'en voulais d'avoir épousé l'autre.

Le père et la fille restèrent longtemps ensemble. Catherine ne pouvait se lasser de le regarder, de lui prendre les mains, de l'embrasser avec une effusion et un élan qui donnaient la mesure de ce profond amour qu'elle lui avait voué. Comme il revenait souvent sur ce regret de ce qu'elle avait épousé Pacôme, contre lequel son animosité n'avait rien perdu de sa violence :

— Il faut me pardonner, dit-elle d'un air soumis ; si je me suis trompée, ce n'est pas pour moi.

Il fut convenu que deux fois par semaine

Catherine dînerait chez son père, et que deux
fois encore elle irait le matin chez lui passer
une heure pour visiter ses hardes et prendre
soin de son petit ménage. En la quittant, le
père Glam ne comprenait pas qu'il eût pu rester
aussi longtemps sans la voir. Il lui fit promettre
de ne pas manquer de revenir. Il avait mille
choses à lui dire.

— Ah ! quelles bonnes soirées nous passe-
rons ! » reprit-il.

Cette entrevue rafraîchit le sang de Catherine.

Elle rentra chez Pacôme plus légère et mieux
pliée à son sort. Pacôme se soumit à l'arrange-
ment qu'elle avait fait sans trop de résistance,
bien qu'il n'aimât pas que sa femme quittât la
métairie. Il s'était accoutumé petit à petit, et
presque sans s'en apercevoir, à faire tout ce
qu'elle voulait ; mais la certitude où il était
qu'elle ne partageait en rien l'affection qu'il
avait pour elle empoisonnait sa vie. Plus elle
se montrait soumise, attentive à remplir tous
ses devoirs, bonne à tous et réservée dans
sa conduite, plus il avait de chagrin. Quand il

était seul, il avait parfois des accès de désespoir ; alors il enfonçait ses deux mains crispées
dans ses cheveux et sentait des larmes brû-
lantes couler sur ses joues.

— Ah ! Simon ! Simon ! si tu reviens, j'aurai
ta vie ! s'écriait-il dans des élans de colère
folle.

Sur ces entrefaites, le père Hennebaut tomba
malade. Ce fut d'abord une petite fièvre, puis le
mal empira, et malgré la crainte de la dépense
et l'horreur des tisannes qui poursuivaient le
bonhomme, il fallut appeler un médecin. Celui-
ci prescrivit le repos le plus absolu et des re-
mèdes pour lesquels il laissa une ordonnance,
en ajoutant qu'il reviendrait le lendemain. Le
père Hennebaut, qui n'avait jamais eu une
migraine et prenait sans sourciller dix tasses
de café par jour, eut beau jurer, il dut se
mettre au lit. Quand une maladie s'attaque à
un corps vigoureux qui n'a jamais chancelé,
elle est parfois dangereuse et prend souvent du
premier coup des allures terribles. Trois jours
après cette première visite, le père Hennebaut
était en péril de mort. Catherine, qui n'avait

pas bougé de la maison, s'installa dès lors à
son chevet et veilla sur lui avec une sollicitude
que rien ne pouvait rebuter, ni la fatigue de
nuits sans sommeil, ni la mauvaise humeur ni
les colères d'un homme qui avait l'habitude de
se lever avec le jour. Pour le mieux soigner,
elle renonça à dîner avec le père Glam, auquel
elle ne rendit plus que de courtes visites, pour
retourner plus vite auprès du malade. Mais si
le père Hennebaut se fâchait souvent, il finissait
toujours par obéir à la main patiente qui
lui présentait le breuvage ou le ramenait
doucement dans son lit. Trois semaines n'é-
taient pas écoulées, qu'elle avait pris sur le
vieux fermier une influence à laquelle il n'essayait plus d'échapper. Un soir qu'épuisée de
lassitude elle refusait de se faire remplacer
par une servante, le père Hennebaut l'attira sur
le bord du lit :

— Une fille n'eût pas mieux fait, dit-il.

— Ne suis-je pas la vôtre ? répondit-elle
simplement.

Pour la première fois depuis de si longues
années employées à calculer et à s'enrichir,

le fermier fut ému. Il embrassa Catherine.

— Va, tu n'y perdras rien, dit-il.

Catherine sourit.

— C'est bon... on en parlera plus tard, ajouta-t-elle : vous avez votre idée là-dessus, moi j'ai la mienne.

Si la maladie du père Hennebaut avait été longue, sa convalescence demanda beaucoup de ménagement. Sa bru fit paraître alors son autorité. Quand il se révoltait et menaçait de reprendre ses anciennes habitudes, elle n'avait qu'à parler ; il murmurait bien un peu, mais se soumettait à tout ce qu'elle exigeait.

— Tu avais raison, dit-il un jour à son fils, c'est un agneau que Catherine ; mais sous la toison on sent qu'elle a des cornes comme un bélier.

— Comprenez-vous à présent pourquoi elle m'a ensorcelé ? dit Pacôme.

Un incident prouva quelle autorité Catherine avait su prendre sur le père Hennebaut. Un jour une pauvre femme s'arrêta à la porte de la métairie et tendit la main. Catherine prit un pain dans la huche et le lui donna.

— Un pain tout entier pour une seule personne ! dit le père Hennebaut ; y penses-tu ?

— C'est une mère et elle a deux enfants, répondit Catherine.

— C'est égal ! s'il fallait donner un pain à toutes les mendiantes, on n'y suffirait pas... C'est trop.

— Eh bien ! dit Catherine, ne me grondez pas... je ne mangerai rien à dîner, et ce sera comme si vous n'aviez rien donné.

Le père Hennebaut haussa les épaules.

— Tu te fâches parce que j'ai raison, dit-il, croyant qu'elle ne parlait pas sérieusement.

Le soir, à table, Catherine ne toucha à aucun mets.

— Tu n'as pas faim ? dit Pacôme.

— Non, répondit Catherine qui regarda le père Hennebaut.

Le fermier baissa les yeux sur son assiette.

Le lendemain, une pauvresse se présenta par hasard. Le père Hennebaut se leva et lui porta un pain en rechignant ; il glissa même quelques pièces de monnaie dans sa main.

— Mangeras-tu ce soir ? dit-il après à sa bru en lui frappant sur la joue.

Le père Hennebaut avait donné une première fois, il donna une seconde. Quand il avait fait l'aumône, il s'en retournait à son grand fauteuil, branlant la tête.

— Le plus singulier, c'est que ça me fait plaisir, disait-il ; cela prouve que je suis malade.

Quand la guérison fut complète, on célébra cet heureux événement par un grand repas auquel le père Glam refusa d'assister. Il ne pouvait s'empêcher d'avoir le frisson quand il voyait Pacôme. A la suite de ce dîner, où rien ne fut ménagé, Pacôme prit Catherine à part.

— Je sens bien que je te dois le père Hennebaut ; ce sont tes soins qui l'ont sauvé bien plus que la médecine, dit-il. Comment, étant si bonne et si dévouée, ne m'as-tu pas encore pardonné ?

— Je ne vous en veux pas, répondit Catherine embarrassée.

— Au moins m'aimes-tu un peu ? reprit-il.

— J'y fais tout mon possible.

Toute la violence de Pacôme était tombée.

Au lieu de frapper du poing, et de se fâcher, comme il n'eût pas manqué de le faire autrefois, il tira de sa poche un papier et le présenta à Catherine.

« Par cet écrit, je te donne tout après ma mort, dit-il : il n'est pas juste qu'ayant vécu avec moi, tu n'aies que le peu que t'assure notre contrat. »

Catherine parcourut le papier d'un seul coup d'œil.

« Je vous remercie, Pacôme, dit-elle, mais tous les papiers du monde ne peuvent rien sur les sentiments ; comptez seulement que je serai toujours une honnête femme. »

Là-dessus elle déchira l'écrit et en jeta les morceaux. Pacôme ne répondit rien ; mais le lendemain il en fit faire un autre et l'enferma, en présence de Catherine, dans un petit coffret dont il la pria de garder la clef.

« Ça vous forcera peut-être de penser à moi quand je n'y serai plus, » dit-il.

Cette douceur déchirait le cœur de Catherine. Elle aurait bravé les plus rudes traitements ;

elle était sans force devant une tendresse si per-
sévérante et si désarmée.

— A présent qu'il est bon, je suis bien plus
malheureuse, disait-elle au père Glam.

— Il n'y a que Jean qui soit bon, répondait
le garde entêté dans son affection.

Catherine priait alors de bonne foi pour ne
plus penser à Simon et avoir pour Pacôme le
cœur d'une vraie femme comme elle en avait
l'abnégation. Quand elle allait à l'église, elle
demandait à Dieu avec ferveur la grâce de ne
plus penser à celui dont elle retrouvait sans cesse
l'image dans son cœur. Elle retournait à la
ferme d'un pas plus léger, désireuse de bien
faire ; mais, à la vue de Pacôme, un certain frisson la prenait qui la glaçait. Cependant, et bien
que sa nature répugnât à l'hypocrisie, elle s'efforçait de lui témoigner plus de complaisance et
d'amitié et y mettait une attention soutenue.
Le père Hennebaut, qui raffolait de sa bru, s'apperçut de ce changement et s'en réjouit.

— Eh bien, es-tu content ? dit-il un jour à
Pacôme.

— Ah ! ce n'est pas cela ! dit Pacôme, qu'un

instinct cruel avertissait que l'effort prenait la place de l'élan.

Comme le printemps était venu, un dimanche, Servais, qui sortait d'un cabaret de Cabourg, rencontra Pacôme, auquel il en voulait à cause de certaines rebuffades qu'il en avait reçues au sujet de son indiscrétion. Il prit un air bonhomme :

— Tu m'as toujours malmené, dit-il, et j'aurais le droit de t'en garder rancune ; mais je ne suis pas méchant et veux te donner un bon avis. Un pêcheur m'a dit que Simon était à Honfleur ; il a cru le voir sur le môle.

— Ah ! Simon ! dit Pacôme, qui devint blanc comme un linceul.

— Oui, et je t'en préviens à cause de Catherine ; elle est jolie, ta femme, et on dit qu'elle l'a aimé dans le temps... Prends garde, d'autant plus qu'elle ne paraît pas folle de toi...

La colère fit bouillonner le sang de Pacôme. D'un bond il sauta à la gorge de Servais, l'étranglant à demi :

— Tu vois ces mains, dit-il les yeux rouges ; j'en ferai une cravate à Simon.

Puis, le poussant rudement sur la table, il courut du côté de la rivière, où il avait un bateau amarré. Servais se releva, grondant comme un dogue.

— C'est égal, dit-il, je t'ai rendu plus de mal que tu m'en as fait.

Au bout d'un instant, il vit Pacôme qui coupait la corde de son bateau et descendait vers la mer. Il avait sa voile dehors et aidait le mouvement à grands coups de rames. Le canot, porté par le reflux, volait. Servais regarda le ciel : une barre de nuages noirs et cuivrés fermait l'horizon ; le vent était sec et dur et soufflait par rafales courtes et violentes ; le flot qui descendait avait de brusques ressauts.

— Mais il est fou ! s'écria-t-il ; il y a un grain dans l'air.

Il s'élança du côté de la plage ; mais déjà on ne voyait presque plus le bateau de Pacôme, dont la coque était prise entre les lames ; sa voile seule toute blanche apparaissait au-dessus de l'eau, qui avait des frémissement de sinistre augure.

Servais mit ses deux mains en porte-voix devant sa bouche pour héler Pacôme ; le vent emporta le son.

— Ma foi ! ça le regarde, dit-il ; pourquoi est-il rageur comme un blaireau ?

Deux fois, en se retirant, il tourna la tête. Pacôme avait mis le cap sur Honfleur. Sa voile était comme un point blanc dans la mer.

— Hum ! reprit Servais, j'ai peut-être fait une bêtise. Son bateau file comme un lièvre, mais gare tout à l'heure ! Et tout ça pour une nouvelle qui n'est peut-être pas vraie.

Ce jour-là même, et le matin, Catherine avait demandé à Pacôme l'autorisation de s'absenter une partie de la journée, qu'elle devait passer en course avec son père. Pacôme ne s'y était pas opposé. Dès les premiers mots de Servais, l'idée lui vint que Catherine était informée du retour de Simon, et qu'elle avait le projet de le voir la première avant tout le monde. Cette idée entra comme une vrille dans son cerveau ; de là ce mouvement de rage folle qui l'avait emporté. Un précipice eût été béant devant lui qu'il s'y serait jeté.

Deux heures après cette scène, Catherine

rentrait au logis, ramenée plus tôt qu'elle ne pensait par le mauvais temps, et le père Glam continuait sa marche avec le projet de prendre son repas chez les Doisy. Le soir venait et le vent soufflait à grand bruit ; un de ces orages si fréquents aux approches de l'équinoxe balayait la mer. Comme il approchait de la rivière, le vieux garde vit un groupe nombreux de femmes et de pêcheurs qui criaient et gesticulaient avec force. Le père Glam pressa le pas et arriva à l'embouchure de la Dives. Un des pêcheurs lui montra du doigt un bateau qui courait sans direction vers de gros rochers couverts par le flot au moment de la marée, et qu'on appelle dans le pays les *Vaches noires*. Deux ou trois lambeaux de toile pendaient au mât. Chaque lame chassait le bateau vers la côte. Le vent venait du large et enlevait des flots d'écume.

— Le bateau ne gouverne plus ; cependant il y a un homme à bord, dit un pêcheur.

— S'il court encore comme ça pendant un quart d'heure, il sera brisé comme une coquille, dit un autre.

Tout les yeux suivaient les mouvements du

bateau, qui allait à la dérive. Une clarté fauve couvrait la mer, sur laquelle pas un rayon ne tombait. Rien n'annonçait que la tempête dût se calmer. Le père Hennebaut, qui était à Cabourg chez un voisin, rejoignit le groupe, attiré qu'il était par ce spectacle et par les mêmes cris que le père Glam avait entendus.

— Qu'est-donc ? dit-il à sa voisine.

Le père Glam, qui tenait sa main au-dessus de ses yeux pour mieux voir, poussa un cri.

— Mais c'est Pacôme !

Le père Hennebaut leva les bras en l'air.

— Mon fils ! s'écria-t-il.

— Eh oui ! dit le père Glam. Regardez la flamme rouge et blanche qui est au bout du mât.

Le père Hennebaut tourna les yeux de tous côtés d'un air effaré ; il tremblait de tous ses membres et tomba sur ses genoux.

— Mais il ne sait pas nager ! s'écria-t-il tout à coup.

Deux ou trois femmes s'essuyèrent les yeux. Le père Hennebaut voulut se relever, il ne le put pas.

— Sauvez-le ! sauvez-le ! cria-t-il.

On regarda le père Glam, qui, magré son âge, était le meilleur marin du pays, et celui qui savait le mieux diriger un bateau. Il secoua la tête d'un air sombre.

— Ce n'est pas un chrétien, dit-il ; il m'a fait trop de mal !

Le père Hennebaut se dressa à demi, regarda la mer, et poussa un gémissement.

— Mon Dieu ! ayez pitié de moi ! dit-il.

Tout à coup le père Glam, qui tournait le dos à la mer, se frappa le front.

— Ah ! dit-il, si on avait porté secours à Fulgence, peut-être l'aurait-on sauvé !

Il courut vers un canot qui dansait dans la rivière, sauta dedans avec l'agilité d'un jeune homme et poussa au large. A peine eut-il atteint la ligne où la mer rencontre la Dives, que le canot disparut à demi dans un tourbillon d'écume. Quelques femmes joignirent les mains, d'autres tombèrent à genoux auprès du père Hennebaut. Il se fit un grand silence sur la plage.

Le père Glam maniait sa légère embarcation

avec une force peu commune et une adresse
merveilleuse. Il connaisait les moindres acci-
dents de la côte et faisait force de rames pour
arriver le plus tôt possible à l'endroit où le bateau de Pacôme flottait au hasard. La mer déferlait avec violence contre les *Vaches noires*,
qu'elle dépassait à chaque élan. Derrière ces
roches, semées çà et là sur le sable, la plage est
coupée par de hautes falaises d'argile bleuâtre,
dont l'accès est presque impraticable. Le père
Glam, qui poussait droit vers le canot en dérive,
tournait parfois la tête pour voir quelle distance le séparait encore du mari de Catherine
qu'il pouvait distinguer déjà. Pacôme était assis
au pied du mât, autour duquel ses mains étaient
comme cramponnées.

— Ah ! le malheureux ! pensa le père Glam,
il a perdu son gouvernail.

Il se souvenait de Fulgence, jeté un jour sur des
récifs, et il faisait voler ses avirons.

Comme il n'était plus qu'à quelques brasses
de Pacôme, auquel il criait de prendre courage,
une lame saisit le canot par le travers et le
renversa. Pacôme poussa un cri et disparut

dans l'eau. Le père Glam lança sa barque dans la direction du naufragé, et regarda de tous côtés. Les *Vaches noires*, avec leurs cimes lavées à toute seconde par le flot, n'étaient pas à vingt pas de lui ; la mer était bouillonnante. Il crut voir un instant le corps de Pacôme roulé par la vague comme une masse inerte. Un frisson passa dans les veines du père Glam, et lâchant les rames, il sauta dans l'eau. Pacôme, poussé et ramené par les lames, ne faisait que paraître et disparaître. Le père Glam avait déjà plongé trois fois sans l'atteindre, lorsqu'il put efin le saisir par le bras. Il ne fallait pas songer à regagner le bateau, que la mer avait chassé plus loin ; le père Glam se mit à nager vers la plage en ayant soin de s'écarter des *Vaches noires*, et, profitant d'une vague qui l'emportait, il se laissa rouler sur le sable ; un nouvel effort le fit avancer de quelques pas hors des atteintes de la mer, et il s'affaissa à côté de Pacôme, qui ne remuait pas.

Les spectateurs de cette scène accoururent au plus vite ; mais quand ils arrivèrent, le père Glam se redressait déjà sur ses vieilles jambes.

Le père Hennebaut marchait en tête du groupe.

— Voilà Pacôme ! dit le père Glam... Ah ! il était temps , mes forces s'en allaient.

Le père Hennebaut souleva la tête de son fils pour l'embrasser. Tout à coup il poussa un cri, et regardant ses mains rouges de sang :

— Ah ! mon Dieu ! dit-il, il est blessé.

Le père Glam s'aperçut alors seulement que le sang coulait sur le visage de Pacôme, que la mer ne balayait plus. Il écarta le père Hennebaut doucement et lava la plaie souillée de sable et de limon. Le crâne était brisé en deux endroits et la cervelle à nu. Il devint tout pâle et recoucha Pacôme sur la plage. Le père Hennebaut, qui ne le perdait pas de vue, comprit ce mouvement.

— Il est mort ! s'écria-t-il.

Le père Glam n'eut pas la force de répondre.

— Ah ! murmura-t-il, voilà comment devait être Fulgence !

Le lugubre cortége rentra dans la soirée à Varaville, où Catherine ne savait rien encore. La vue de ce cadavre déjà froid lui fit venir les larmes aux yeux.

— Je savais bien que vous l'aimiez ! dit le père Hennebaut.

Pour la première fois depuis le jour des noces de sa fille, le père Glam passa le seuil de cette maison : il devinait que Catherine aurait besoin de lui. Ils firent la veillée du mort tous ensemble. Le père Hennebaut pleurait dans un coin, près du lit sur lequel Pacôme était couché. De temps à autre il élevait la voix.

— Mon pauvre fils ! il était si fort et si beau ! disait-il.

Et il se remettait à pleurer.

On fit à Pacôme un enterrement superbe. Tous les habitants de Varaville, de Dives et de Cabourg, suivirent le corps. Servais était là un peu pâle et décontenancé. Le père Hennebaut et le père Glam marchaient côte à côte. Le vieux garde pleurait pour le moins autant que le fermier. Cette mort soudaine avait ravivé sa douleur : il lui semblait qu'il suivait le cerceuil de Fulgence.

A quelques jours de là, Catherine entra un matin chez le père Hennebaut, et ouvrant la boîte dans laquelle était serré le papier par lequel Pacôme lui donnait tout son bien, elle le déchira et en brûla les morceaux dans la cheminée.

— C'est d'une honnête fille ce que vous faites là, dit le père Hennebaut, je m'en souviendrai un jour.

— Il n'est pas besoin, reprit Catherine ; je désire seulement que vous m'aimiez toujours quand j'aurai rejoint le père Glam, qui m'attend au Clos-Pomier.

— Je vais donc rester seul ! s'écria le père Hennebaut tout inquiet.

— Mon père n'est-il pas resté seul bien longtemps, lui aussi ?

Le père Hennebaut, sans répondre, regarda autour de lui lentement. On voyait que l'idée de la solitude lui faisait peur.

Le père Glam attendait en effet Catherine au Clos-Pommier, où il avait tout fait rétablir dans l'ordre primitif. Il n'avait pas même demandé à sa fille si elle le rejoindrait ; il en était sûr d'avance. Quand ils se retrouvèrent dans la salle commune, ils s'embrassèrent par un mouvement spontané.

— A présent j'ai le droit de penser à lui, dit Catherine.

— Et j'aurai quelqu'un à qui parler de Fulgence ! dit le père Glam.

Le mariage, la contrainte dans laquelle elle avait vécu, ses regrets, une sorte de remords qu'elle éprouvait quelquefois de ne pouvoir aimer son mari comme elle en était aimée, et la mort foudroyante de Pacôme succédant tout à coup à ces longues angoisses, avaient changé Catherine comme si une longue maladie eût épuisé toutes ses forces. Elle était pâle à faire peur et on ne la voyait plus sourire. Peut-être allait-elle enfin retrouver le repos après un sacrifice dont elle seule pouvait apprécier l'étendue ; mais ce repos n'était pas complet, puisque Simon lui manquait. Elle était tellement assurée de la durée de son souvenir, qu'elle n'aurait pas hésité à lui écrire si elle avait su où le trouver ; malheureusement, la petite fortune qui lui était inopinément arrivée n'avait pas rendu le pêcheur plus prompt à correspondre, et on n'avait pas eu de ses nouvelles depuis son départ. Quelquefois le père Glam s'impatientait de ne pas le voir ; il questionnait tous les matelots qu'il avait occasion de rencontrer : aucun d'eux n'avait vu Simon. Le notaire d'Honfleur ne savait rien non plus, sinon qu'avant de partir il lui avait remis un testament olographe par lequel, en cas de mort, il instituait le père Glam son héritier universel.

— La belle précaution ! dit le vieux garde : ce n'est pas son argent, c'est lui que je veux !

Il y avait près de trois mois que Catherine était couverte de vêtements noirs, lorsqu'un soir le père Hennebaut se présenta au Clos-Pommier. Il faisait un grand vent ce soir-là, et on entendait la mer qui se brisait avec violence derrière les dunes. Le pauvre homme avait vieilli de dix ans en trois mois ; l'expression astucieuse de ses yeux, et cette âpreté joyeuse et rubiconde qu'on voyait sur son visage, avaient fait place à une tristesse profonde.

— Écoutez, Catherine, dit le père Hennebaut en entrant, j'ai une grâce à vous demander......

— A moi.... père Hennebaut ? parlez sans crainte, répondit Catherine.

— Il faut que le père Glam me permette de

rester ce soir au Clos-Pommier.... Si vous sa-
viez comme je suis seul là-bas !...

Il se rapprocha de sa bru, et baissant la voix:

— Il fait un vent terrible, reprit-il, aussi terrible, que le soir où Pacôme était en mer...

Les lèvres du vieillard tremblaient.

— Ça m'a tué, ce coup-là, ajouta-t-il.

Ces quelques mots émurent profondément
Catherine. Elle prit les mains de son beau-père
et le conduisit près de la fenêtre.

— Asseyez-vous là, dit-elle ; vous serez toujours le bienvenu chez le père Glam.

Le père Hennebaut releva la tête d'un air inquiet.

— Je me rappelle toujours le mal que nous lui
avons fait !... Peut-être qu'il s'en souvient, lui
aussi ; il faudra lui dire que Pacôme vous aimait
de tout son cœur.

Quand le père Glam parut, le père Hennebaut se leva tout tremblant. Cet homme, qu'on
avait vu si hautain et si dur, balbutiait :

— Faites-moi place, dit-il enfin... vous aviez
Fulgence, moi j'avais Pacôme.

Le père Glam éprouva comme un sentiment

de colère au rapprochement de ces deux
noms.

— Pacôme ! reprit-il avec amertume.

— C'était mon fils, et il est mort... même il
est mort entre vos bras, reprit le père Hennebaut.

Le vieux garde se sentit tout bouleversé. La
bonté de son cœur l'emporta sur son ressentiment, et il tendit la main à son ennemi.

— Asseyez-vous là et dînez avec nous, dit-il.

Les deux vieillards s'assirent à la même table,
ce qui n'était pas arrivé depuis le mariage de
Pacôme et de Catherine. Le malheur avait fait
ce que la plus étroite parenté n'avait pu faire.
Catherine était placée entre eux et les
soignait également. Dans ce rapprochement
inattendu, elle voyait le doigt de Dieu et elle
voulut s'appliquer à le rendre ferme et durable.

Le père Hennebaut avait une maisonnette
dans les environs. Il s'y installa, et il prit l'habitude de rendre visite tous les jours aux hôtes
du Clos-Pommier. Un peu de gaieté reparut sur
son visage ; il avait pour Catherine des paroles
et de petites câlineries qui surprenaient chez un

homme qui n'avait jamais brillé par la tendresse
et l'aménité. Il aimait en elle la femme que Pacôme s'était choisie, et ressentait par contre-
coup des jalousies singulières, si elle témoignait
plus d'amitié au père Glam qu'à lui-même.

Rien n'était plus touchant que de voir ces
deux vieillards qu'on aurait crus irréconcilia-
bles se promener ensemble dans le clos et s'asseoir sous l'ombre du gros pommier, où le
même sujet de conversation les ramenait toujours. L'un parlait de Fulgence, l'autre parlait
de Pacôme. Leurs longs entretiens finis, ils
rentraient plus légers à la maison ; leurs cœurs
s'étaient dégonflés. Quand le vent soufflait, le
père Hennebaut échangeait avec le père Glam de
rapides regards qui attendrissaient Catherine.
Sans elle, ces deux pauvres pères seraient morts
de chagrin.

La grande, la seule inquiétude du père Hennebaut, était que le père Glam ne se lassât de
le voir rendre de fréquentes visites au Clos-Pommier. Il fallait que Catherine le rassurât sans
cesse. Un matin il arriva avec un acte qu'il avait
fait dresser par son notaire, et par lequel il

faisait donation entière à Catherine de tout ce qu'il possédait.

— Quand je n'aurai plus rien à moi, dit-il, je suis bien sûr que vous ne me renverrez pas.

Ce mouvement alla droit au cœur de Catherine. Elle embrassa le père Hennebaut avec effusion.

— Gardez l'acte, dit-elle, et ne vous inquiétez plus.... Je suis votre fille à présent, et pour toujours.

A l'insu de Catherine, le père Glam se rendait souvent à Honfleur pour savoir du notaire s'il n'avait reçu aucune nouvelle de Simon. A chaque réponse négative, il s'en retournait tout triste. Il ne comprenait pas que le voyageur ne sentît pas que Catherine était libre ; il avait souvent des accès de mauvaise humeur contre lui, et déclarait alors qu'il ne voulait plus qu'on lui en parlât. Le lendemain, il était le premier à tirer Catherine par sa manche pour l'entretenir de Simon.

A quelques mois de là, un soir, il rentra tout ému. Simon était au Havre ; il arrivait du Brésil. Le lendemain, il devait être à Honfleur, d'où il comptait prendre une voiture pour se rendre à Cabourg.

— Comprends-tu ? dit-il à Catherine.

— Ah ! mon Dieu ! s'écria le père Hennebaut qui essaya de se lever de sa chaise ; mais si Jean revient, il me faudra ne plus vous voir, à cause de ce pauvre Pacôme qu'il n'aimait pas ! »

Catherine lui posa doucement la main sur l'épaule et le força de se rasseoir.

— S'il avait le cœur de ne pas faire comme nous, est-ce que je l'aimerais ? dit-elle.

Le père Glam se leva avant le jour et fit dix fois la moitié du chemin qui mène de Varaville à Cabourg ; il ne pouvait tenir en place. Catherine vaquait comme à l'ordinaire aux soins du ménage. On aurait pu croire que rien n'était changé en elle ; seulement ses mains trembaient ; dix fois elle faillit laisser choir un objet qu'elle changeait de place. Ses yeux rayonnaient. Le père Hennebaut, qui la regarda, en fut bouleversé.

— Ah ! murmura-t-il, je ne vous avais jamais vue ainsi.

Le père Glam courait à la porte du Clos-

Pommier à toute minute ; sa jambe gauche allait tout droit.

— Mais voyez donc s'il viendra ! disait-il.

Tout à coup on entendit sur la route le claquement d'un fouet et le bruit d'une voiture. Elle approchait rapidement et s'arrêta à la porte du Clos-Pommier. Catherine, qui travaillait au coin de la fenêtre, les yeux dehors, se leva toute droite et tomba le visage inondé de larmes dans les bras de son père.

— C'est lui ! c'est lui ! criait le père Glam fou de joie.

La porte s'ouvrit et Simon parut.

Quand on se mit à table pour déjeuner, Catherine ne portait plus au doigt l'anneau de mariage que Pacôme lui avait donné.

HUIT JOURS A DIVES

Je n'ai pas la prétention d'avoir découvert Dives, pas plus que je n'aurai celle d'en écrire l'histoire. Cependant j'y suis allé, et l'on sait bien des gens qui n'en veulent pas davantage pour inscrire une Amérique nouvelle au catalogue de leurs découvertes.

En conséquence, on me permettra bien de dire que Dives est situé en Normandie, à quelques lieues de Trouville, département du Calvados, arrondissement de Pont-l'Évêque, canton de Dozulé. Quand on parle d'un pays, encore faut-il bien dire où il habite.

On arrive à Dives par terre et par mer ce qui permet aux touristes de voyager au gré de

leur fantaisie. Ceux-là prenent la diligence de
Caen, qui se sépare du chemin de fer de Rouen
à Saint-Pierre-de-Louviers, et dépose les touristes au carrefour Saint-Jean, d'où il est
toujours facile de gagner Dives à pied ou en
voiture; ceux-ci continuent leur course en wa-
gon jusqu'au Hàvre, sautent sur le bateau à
vapeur de Trouville, prennent un cabriolet chez
M. Lelièvre, et entrent avec fracas à Dives deux
heures après.

Voilà pour le passé et le présent. L'avenir
promet un service régulier et quotidien du
Hàvre à Dives, quand l'établissement de bains
que la spéculation projette aura bâti son casino
sur les dunes de Cabourg.

Les douceurs d'un voyage nocturne en diligence peuvent ne pas séduire toutes les imaginations, et peut-être est-il permis de n'en pas
aimer les délices, sans passer pour un fantai-
siste exagéré. Je sais bien qu'on traverse par la
voie terrestre une contrée magnifique, où paissent ces grands troupeaux de bœufs, chers à la
Normandie; mais les ténèbres dérobent les herbages à tout regard indiscret, et fallùt-il braver

les caprices du perfide élément, si redoutable aux
cœurs parisiens, on en connaît qui préfèrent
les aventures d'une navigation aux beautés
d'un paysage qu'on ne voit pas.

Quand j'arrivai au Hâvre, la ville était pleine
de ces barriques de sucre et de ces balles de
coton qu'on voit éternellement se promener
par les rues et sur les quais en conquérants.
Le Hâvre est une ville peuplée de marchandises; les hommes y sont à l'état d'accessoire.
On en voit bien un certain nombre qui marchent
avec une certaine apparence de liberté, mais
ceux-là sont accompagnés de colis qui les sur-
veillent. Ces balles de coton et ces barriques de
sucre, qu'on rencontre partout, ont des maisons de campagne à Ingouville et à Sainte-
Adresse, où elles passent l'été. Elles sont géné-
ralement très-riches, et vivent honnêtement
en famille. Quelques-unes cependant soupent
chez Lether, qui remplit au Hâvre les fonctions du café Anglais et de la maison d'Or à Paris.

Les rues du Hâvre étaient, en outre, sillonnées de bandes d'Allemands de tout sexe et de

tout âge, qui attendaient le jour du départ, et trompaient leur oisiveté par des promenades sans fin sur les quais et le môle, d'où leurs yeux contemplaient la mer. Quelques-uns de ces émigrants conservaient encore le costume de leurs forêts natales, le gilet d'écarlate, la culotte de velours noir, serrée aux genoux par de grandes guêtres de cuir, la veste à boutons d'acier, le chapeau de feutre avec un rameau vert; les hommes avaient la grande pipe à tuyau flexible, les femmes portaient, autour de leur tête nue, les longues tresses nattées de leurs cheveux blonds. De petits enfants trottinaient sur leurs pas, regardant partout d'un air à la fois craintif et curieux.

On a remarqué que les jeunes soldats, — ceux-là qu'Alcide Touzet appelait des tourlou-rous, — marchaient en se tenant accrochés par le petit doigt. Pourquoi le petit doigt? Aucun philosophe ne l'a jamais su. Les Allemands et leurs Allemandes se promènent plus simple-ment, aux bras les uns des autres ; mais les Allemands d'une part, et les Allemandes de l'au-tre, et tous sur une même ligne, comme des grenadiers à la parade, sans que les deux sexes se mêlent jamais...

> Chaque âge a ses plaisirs,

dit le poète.

Ces rangs inflexibles ne s'ouvrent que devant les barriques de sucre et les balles de coton. A tout seigneur tout honneur.

Le *Castor*, sur lequel une douzaine de voyageurs avaient pris passage, agita ses nageoires vers neuf heures du matin et mit le cap sur Trouville. Malgré son nom d'amphibie, le *Castor* est quelque peu paresseux. Il navigue comme un bateau qui n'est pas pressé et qui sait que personne ne l'attend. A cette époquelà, — on était au mois d'avril — Trouville se repose. Trouville n'a pas alors d'autres habitants que ses habitants, c'est-à-dire, personne, ou peu s'en faut. Les pêcheurs sont en mer et ne rentrent chez eux que pour embrasser leurs femmes, et voir si leurs enfants grandissent, ces enfants qui multiplient autour des cabanes les plus pauvres. Quelques marchands se promènent, regardant leurs voisins. Les plus actifs, ne voulant pas perdre les douces habitudes du négoce, se déguisent en clients, et s'achètent à eux-mêmes quelques marchandises, qu'ils replacent secrètement dans les tiroirs. Un douanier dort sur le quai.

Cependant la ville semblait se réveiller ; Trouville sommeillait depuis cinq mois. Quelques aubergistes, debout sur le seuil de leurs établissements vides, regardaient le ciel d'un air joyeux. Ceux-là ouvraient les fenêtres closes, d'autres chassaient le sable apporté par le vent de mer sur leur porte abandonnée. Tous se frottaient les yeux. Le printemps était venu. — le printemps, ce courrier des baigneurs.

Un commissionnaire, médaillé par la municipalité de Trouville, engraissé par un long repos, sauta sur mes bagages.

— Où va monsieur ? dit-il de l'air majestueux d'un administrateur dans l'exercice de ses fonctions.

— Monsieur va chez Lelièvre.

— Quel Lelièvre ?

— Il y en a donc plusieurs ?

— Il y en a deux: Lelièvre de l'*Hôtel de Dieppe*, et Lelièvre de l'*Hôtel de France*.

— Je vais chez Lelièvre qui a des voitures.

— Alors suivez-moi... Lelièvre est un fameux lapin !

O déplorable effet de la littérature: où l'on cherche la sainte hospitalité, c'est un calembourg qui vous accueille!

Lelièvre donnait à déjeuner à deux ou trois de ses amis; il achevait un plat d'anguilles, et commençait un plat de tripes à la mode de Caen: en Normandie, on déjeune toujours... Cependant, il consentit à boucler les harnais d'un cheval blanc aux brancards d'un tilbury jaune, et nous partîmes.

La route suit quelque temps les bords de la Touque, et traverse le village de ce nom. Le village et le paysage étaient constellés de bonnets de coton blanc : bonnets dans les herbages, bonnets aux fenêtres, bonnets sur la terre, bonnets sur mer, tous en coton et tous blancs. Il serait plus facile de rencontrer un bonnet de coton blanc sans mèche qu'un Normand sans bonnet de coton. Le bonnet est du féminin et du

masculin; c'est le chapeau des hommes et la
coiffe des femmes. C'est laid, mais universel.
On se souvient de ce roi d'Yvetot et de la chanson qui en raconte l'histoire:

> Et couronné par Jeanneton
> D'un simple bonnet de coton.

Pour couronner son roi, Jeanneton s'était retiré le bonnet de la tête.

Eh bien! le croirait-on? malgré le bonnet de
coton blanc, il y a des Normandes qui réussis-
sent à rester jolies.

> Le vrai peut quelquefois n'être pas vraisemblable,

a dit un poète.

On a vu des Normands sans soulier: on n'en
a jamais vu sans bonnet de coton.

La route qui conduit de Trouville à Dives
traverse un pays magnifique, semé de maisons
rustiques, autour desquelles les pommiers ouvrent leurs petites fleurs de neige odorante du
printemps. Les bœufs dorment dans les prés,
et quelque bonne femme file au seuil de son
jardin. Quand on monte sur les hauteurs, on
voit à l'horizon les nappes vertes de l'Océan.

Quelques hameaux, trahis par des volées de pigeons blancs, sont tapis dans le creux des vallons au milieu des haies, d'où sort un léger bruit de source, babillant sur le gravier.

Il faisait chaud, et la route était déserte. Tout à coup, au détour d'une colline, le cocher me poussa du coude.

— Monsieur, dit cet automédon, voilà Dives.

Je regardai. Un paysage éblouissant se déroulait sous mes yeux. La vallée d'Auge s'ouvrait à mes pieds, comme une immense coupe faite d'une seule émeraude. Des îles de pommiers en fleurs et de gros poiriers piquaient cet océan de verdure, qui fuyait, de plaine en plaine, jusqu'aux falaises de Lion-sur-Mer. Le lourd clocher de Dives montrait l'emplacement du village, séparé de Cabourg par la rivière aux plis d'argent, et, par-dessus les dunes, les lames blanches de l'Océan se courbaient en forme de croissant. Uue lumière blonde couvrait cette terre enchantée; des bœufs fauves, pareils à des insectes, erraient dans les vastes prairies, ça et là dorées par le soleil; de minces filets de fumée ondulaient eutre les feuilles des arbres, et l'on entendait, sous l'ombre des bosquets, groupés autour d'invisibles chaumières, un doux bruit de chants d'oiseaux mêlés à de petits cris d'enfants.

Un quart d'heure après, le tilbury de M. Lelièvre roulait avec orgueil sur les galets de Dives. Au bout de la rue, s'ouvraient les portes rivales des hôtels de *Londres* et de l'*Épée royale*. Les deux hôtellières étaient en présence, s'observaient du bonnet ; celle-ci grasse, celle-là maigre. Tels autrefois les Montaigu et les Capulet se mesuraient du regard.

— M. Collin? demandai-je à ma voisine de droite.

— M. Collin?... Attendez-donc... Un monsieur de Paris?

— Oni, madame.

— Il mange chez nous.

— Très bien. Et il demeure?

— Chez la mère Moisy.

— C'est parfait. Et la mère Moisy, où loge-t-elle, s'il vous plaît?

— Là-bas, sur la route, à droite, la première grande ferme à gauche.

Un coup de fouet et un temps de galop conduisirent le tilbury à la ferme de la mère Moisy, qui épluchait des épinards, en compagnie du père Moisy et du fils Moisy. Une chienne noire et folâtre trottait à travers les plans de légumes, et vint à la rencontre du tilbury, en remuant la queue.

— M. Collin ? madame...

— M. Collin ? il est sur les dunes.

— Y a-t-il une chambre par ici ?

— Il y en a cinq.

— J'en prends une.

— Entrez, monsieur... Monsieur choisira.

Je poussai la porte à claire-voie, et je me trouvai au milieu de la famille Moisy. La chienne sauta sur mes jambes, l'enfant grimpa sur mes genoux : la connaissance était faite.

— Quelle magnificence ! me disais-je, en suivant la mère Moisy, de pièce en pièce, dans la ferme. Un cabinet de travail, orné d'une table en bois de sapin, cinq chambres à coucher, une salle à manger tapissée de lithographie : les prodigalité de Sardanapale sont dépassées !

La première chambre où m'introduisit la mère Moisy était meublée d'une armoire dont les deux battants en bois du nord, fermaient l'une des extrémités ; d'un lit à rideaux de camaïeu, d'une petite table surmontée d'une petite glace et de deux chaises en paille. Une lucarne, ménagée en face de la porte, ouvrait sur un jardin, où quelques poules faisaient l'école buissonnière. Les malles posées à terre on avait trois pieds carrés de dalles pour la promenade. Un portrait de l'Amérique, coiffée de plumes de perroquet et armée d'un arc, décorait le mur. Au pied du lit, on voyait un crucifix avec un rameau de buis bénit.

Les rideaux du lit représentaient une fête de village à la manière de Téniers. Ces pastorales et la commodité de l'armoire, où l'on pouvait serrer les hardes, me séduisirent.

— Je reste ici, dis-je à la mère Moisy.

La mère Moisy s'en alla. La mère Moisy, je m'en aperçus plus tard, était, à sa manière, une femme de grand sens. Solide comme une cariatide, avec des traits dont la pureté sculpturale augmentait encore l'expression calme et placide de sa physionomie, elle parlait peu, agissait beaucoup, et se montrait toujours de bonne humeur. La formule constitutionnelle du régime représentatif était en complet désarroi chez elle : la mère Moisy régnait et gouvernait. Quand elle avait dit : — Il fait beau, le père Moisy se hâtait de répondre : — Très beau. Mais si elle reprenait : — Il fait froid, le père Moisy ajoutait immédiatement : — Très froid.

Le fils Moisy, petit bonhomme de quatre ou cinq ans, imitait le silence maternel. Quand il s'amusait à décapiter des fleurs, c'était, comme Tarquin, sans parler ; il riait tout seul, et, comme le trappeur de Cooper, sans bruit. On ne l'entendait jamais que le matin, quand on le débarbouillait ; mais alors il criait en une seule fois pour vingt-quatre heures. Au premier cri, Collin sautait à bas du lit.

— Bon ! il fait jour, disait-il, on débarbouille Pierrot.

Le caractère de la chienne, — Diane, — était d'avoir faim. Elle abusait de son caractère.

Pierrot ne se rappelait pas avoir mangé une tartine tout entière.

Aussitôt que mon hôtesse se fut retirée pour vaquer aux soins du ménage, je débouclai ma valise pour changer de costume et serrer le linge et les vêtements dans l'armoire.

— Fameuse armoire! murmurai-je... Voilà qui est plus commode qu'une commode: on y mettrait un trousseau.

La malle vidée, j'ouvris l'armoire.

L'armoire ouvrait sur une échelle.

Pas de rayons, pas de planches, mais une échelle qui conduisait dans un galetas.

— Où diable la trahison va-t-elle se nicher ! m'écriai-je en refermant l'armoire.

Le lit n'imitait pas l'armoire ; sous la courte-pointe à personnages, il y avait de vraies couvertures, de vrais draps et de vrais matelas.

La table non plus ne mentait pas ; elle n'avait pas de tiroir et le faisait voir.

Mon ami Collin était sur les dunes. Pour arriver aux dunes, il faut traverser la Dives sur un affreux pont de bois, passer devant Cabourg et s'enfoncer dans la plaine à droite. La chaîne des dunes sépare l'Océan de la vallée.

Du sommet de ces dunes, la vue embrasse

une immense étendue de mer. Des voiles et des panaches de vapeur passent à l'horizon. La côte, formée de dunes et de falaises, se courbe en croissant, que terminent les caps d'Antifer et de Honfleur. Si l'on se tourne du côté de la terre, le regard plonge jusque dans les perspectives lointaines de la vallée d'Auge, que protége un cercle de collines vertes, évasées comme les lèvres d'une coupe. Sur le premier plan, et couchés dans l'herbe, voilà Dives et Cabourg : là, le vieux clocher et l'église gothique, crénelée comme une forteresse, avec ses trois nefs et ses portails où l'ogive fait courir ses rinceaux de feuillage ; là, l'église neuve et le clocher blanc. La rivière glisse entre ses rives plates et limoneuses, et cherche la mer. Derrière un pan de collines, là-bas sur la côte, entre Villers et Dives, cette pointe verte, c'est la pointe d'Houlgat, d'où Guillaume le Bâtard, duc de Normandie, regardait le départ de la flotte qui allait à la conquête de l'Angleterre.

La magnificence de ce spectacle au soleil couchant défie tous les pinceaux. L'œil en perçoit les beautés, mais la plume ne peut en rendre

les suavités et les délicatesses. La mer est rayée
de bandes d'or où frissonnent des lames de feu ;
une lumière plus douce couvre la vallée, et rit
sur les briques rouges et les ardoises aux tons
gris. Des nuages couleur de pourpre s'enflam-
ment dans le ciel, lavé de tons verts et oran-
gés ; l'ombre des dunes s'allonge dans la plaine
et descend vers la rivière, dont les eaux tranquilles ont l'éclat métallique de l'acier fondu.
Le faîte des peupliers et des collines baigne dans
la lumière, tandis que déjà la clarté s'efface des
prairies, où la silhouette errante des troupeaux
disparaît dans la naissante obscurité du soir.

Les charriots crient dans les chemins, les
paysans suivent à pas lourds les sentiers amis
qui mènent au village ; les pêcheuses de crevettes, jambes et pieds nus, la perche sur l'é-
paule, abandonnent la plage où le flot monte,
et regagnent les dunes lentement. La chaleur
du jour tombe, et le vent de la nuit se lève.
On n'entend plus dans le chaume que les
alouettes, qui gazouillent et s'appellent. Une séré-
nité profonde s'étend sur la campagne, qui semble saluer d'un sourire l'heure tardive du repos.

De l'un de ces sommets déserts, la vallée se présente aux yeux ravis comme un décor d'opéra. On dirait que la main capricieuse d'un artiste a posé là ces deux clochers, et dessiné à leur ombre les massifs de maisonnettes qui éparpillent leurs toits dans la prairie.

Entre la Dives et la mer s'amincit une langue de terre, couverte de bruyères, d'épines et d'ajoncs, et que peuplent des tribus vagabondes de lapins; reliée aux dunes par un isthme étroit, cette presqu'île offre, dans toutes ses parties désertes, des points de vue qui séduisent tour à tour. Devant, c'est la mer; derrière, c'est le panorama de la vallée, avec ses villages. On ne se lasse pas de voir et d'admirer. Quel spectacle pour un peintre! quelle solitude pour un rêveur!

Vous souvient-il de cette promenade fantastique qu'un hôtelier de Bouc, en Provence, fit faire à Méry au travers des monuments invisibles de sa ville imaginaire? Eh bien! cette promenade, je l'ai faite sur les dunes de Dives, en compagnie de mon ami Collin.

Au moment de mon arrivée, il traçait du bout

de sa canne un jardin anglais dans les plis
du sable. Un bonhomme le suivait, plantait des
piquets. Collin jeta sa canne et vint à moi.

— Pardieu ! dit-il, vous arrivez à propos ; je
vais vous faire voir le Casino.

Et grimpant comme un chamois sur les
dunes, il s'arrêta au centre d'un plateau.

— Voilà ! reprit-il.

J'étais au pied d'une digue, portant à son
extrémité un chiffon de coton rouge, effilé par
le vent.

— Là, sont les ailes ; ici, la porte d'entrée ;
à droite, les salles de jeu ; plus loin, la salle de
bal ; à gauche, le restaurant, ajouta-t-il : tout a
été prévu, les dégagements sont nombreux et
les ornements du meilleur goût. Voici la terrasse
qui descend sur le rivage par un plan incliné.
Nous avons un manége : voulez-vous le voir ?...
il est superbe.

Et Collin se met à courir... Je le suis, et je
me trouve sur les bords d'une immense excava-
tion, fermée par un cercle de dunes.

— Regardez quelle étendue... les écuries sont
là, les gradins tournent autour du manége ; on

retourne au Casino par cette avenue de sapins, une autre mène à la laiterie. Elle est charmante, cette laiterie ; quelque chose comme un chalet avec des sofas, un souvenir de Trianon. Venez.

Et Collin reprend sa course. Je cours avec lui et j'atteins une éminence sur laquelle flotte un drapeau jaune.

Tandis que je cherche la laiterie, Collin se retourne.

— Là-bas, sur ce sommet, vous voyez l'Observatoire, dit-il.

Je voyais une banderole bleue.

— A côté est le gymnase pour les enfants ; il est admirablement situé, dans un creux, à l'abri du vent. Un pavillon est auprès pour les grands parents, un pavillon chinois du plus joli modèle. Il faut que je vous montre ça.

Et Collin me montre un ravin circulaire avec un monticule à côté.

— Sur la même ligne, mais à quelques centaines de pas du Casino, ce grand bâtiment dont vous admirez les vastes proportions, c'est l'hôtel ; il est ménagé pour donner du logement à cinq cents personnes. De la terrasse qui tourne autour de ce magnifique édifice, le plus beau qu'on ait encore élevé en France, la vue s'étend sur la mer et sur la vallée. Admirez l'élégance de son architecture.

J'admirais, dans ce moment, les jeux de quelques lapins folâtres qui se divertissaient dans la bruyère.

— Cet immense bassin est préparé pour les baigneurs à qui le choc de lames ne convient pas ; la mer y entre et sort par un chenal ; on y descend par des gradins en pente douce.

Le doigt de Collin me faisait remarquer un trou circulaire rempli d'épines.

— Et tout autour de ces aménagements si commodes, voyez avec quel art on a su distribuer les quinconces, les boulingrins, les avenues, les bosquets. Que d'ombrage et quels frais jardins ! Ce n'est pas tout, reprit-il, nous avons des écuries pour cent chevaux et des remises pour cinquante voitures, tilburys, calèches, briskas, chars-à-bancs, phaétons. La salle de théâtre, une bonbonnière, occupe ce pavillon, à l'extrémité de ce corps de logis... ; les cabinets de lecture sont derrière... ; là est la bibliothèque. Remarquez comme elle est bien située…, tout à l'extrémité de la galerie qui conduit à la salle de concert.

Et Collin, se croisant les bras, regardait la plaine et les dunes où le vent du soir frissonnait parmi les épines.

Je m'assis par terre.

— Çà, mon cher, lui dis-je, on montre aux voyageurs, en Égypte, les ruines de villes fameuses qui n'existent plus ; vous, ami du progrès, vous faites voir aux touristes les magnificences de cités qui n'existent pas encore ! c'est mieux !

— Comment, qui n'existent pas ! s'écria Collin dans un vif mouvement d'indignation. Qu'est-ce donc que cela, s'il vous plaît ?

Et tirant un plan de sa poche, il l'étala sur le sable.

— Homme de peu de foi, reprit-il, vous avez regardé avec les yeux de la chair, regardez avec les yeux de l'esprit !

Et, du doigt indicateur, il me montrait des dessins rouges sur un papier blanc, coupé de lignes vertes. C'était le plan du futur établissement de bains et du Casino de Dives, tel que l'a conçu la Société thermale.

Tout y était : l'hôtel, l'observatoire, le jardin anglais, les pavillons, le gymnase, la laiterie, les kiosques, le manège, le restaurant, les avenues. L'établissement était admirablement conçu dans son ensemble et ses détails, et, pour être sans rival en Europe, il ne lui manquait que d'exister.

— Avant deux mois le Casino sera debout, dans un an l'établissement existera ! s'écria Collin avec l'enthousiasme de la conviction.

Des bandes d'ouvriers qui travaillaient sur les dunes semblaient donner raison à cet enthousiasme ; sous l'effort de leur pioche, on voyait se dessiner les avenues et courir les lignes du Casino.

Cependant la nuit se faisait. Il fallait songer à regagner Dives.

— Vous avez vu Le Nôtre, me dit Collin, vous allez voir Colbert.

Et, reprenant la canne savante avec laquelle il dessinait les jardins sur le sable fin des dunes, il entra dans une baraque, où il procéda avec la gravité d'un ministre des finances à la paye des ouvriers.

Quand nous passâmes devant Cabourg, le village prenait le frais sur la route qui va de Dives à Troarn par Varaville. On voyait là beaucoup de femmes et beaucoup d'enfants, mais peu d'hommes et presque tous vieux. Les frères et les maris naviguaient dans la mer Noire et la mer Baltique, à bord des navires de l'État. Une pauvre vieille passa près de nous, tremblant de fièvre et traînant par la main un enfant de cinq ans. Elle portait sur l'épaule un paquet d'épines avec lesquelles elle allait faire cuire quelques petits poissons, des équilles, ramassées dans le sable. La mer fournit le dîner quotidien à toutes ces misères. Quand la mer ne fournit rien, on ne dîne pas. L'enfant pleure, la vieille mendie.

Une fille sortit d'une cabane, un pot de grès à la main. Elle allait puiser de l'eau à la fontaine, comme une nymphe dans la poésie antique. Elle était jeune et jolie, et marchait lestement. Deux petites filles couraient pieds nus sur ses pas. Le père était mort ; la vieille mère était infirme, et la fille aînée, elle avait dix-sept ans, restait seule à la maison pour nourrir quatre enfants et sa mère.

Les enfants étaient roses. La sœur aînée était maigre.

C'est qu'il fallait travailler beaucoup et manger peu, se lever avant le jour et se coucher tard ; ce pain quotidien que l'homme demande à Dieu dans ses prières, elle ne l'avait pas toujours, et quand la pêche ne le lui donnait pas, la charité ne le lui prêtait guère.

Un paysan portant sa bêche s'assit sur une borne. Avait-il quarante ans, en avait-il soixante? c'est ce qu'il était imposible de deviner sous l'inextricable réseau de rides qui mêlaient leurs sillons sur sa peau couleur d'acajou.

— Eh ! bonjour, père Giraud, lui dit un voisin ; la clôture est-elle finie ?

— Elle va l'être ; encore quatre coups de pioche et les bœufs ne passeront plus.

— Ça vous fera une belle pièce de terre, père Giraud.

— Eh, dame ! je ne la donnerais pas pour dix mille francs, foi d'honnête homme !

Le père Giraud avait eu un lopin de sable dans le partage des biens communaux. Il l'avait tant remué, tant fumé, tant bêché, tant retourné, que de ce lopin de sable il avait fait un herbage.

Le père Giraud avait six mille livres de rentes en terres. Il dépensait cent écus par an.

— Prodigue ! disaient les sages de l'endroit.

Un homme célèbre, M. de Balzac, a écrit l'histoire des paysans dans un livre fameux. Mais combien de traits encore n'ont pas pu trouver place dans les œuvres de ce vif et profond observateur, qui savait mettre à nu le cœur humain ! Ce n'est pas lui qui eût chanté les vertus champêtres de convention et la candeur idéale des villageois !

Entre autres historiettes où cette candeur et ces vertus éclatent dans tout leur jour, en voici deux qui portent avec elles leur enseignement.

Un paysan riche de Cabourg vendait du lait ; une pauvre femme de l'endroit, qui nourrissait quatre personnes du produit de sa pêche, en achetait tous les matins pour un sou. C'était le seul aliment que sa fille malade pût avaler. Depuis dix mois, chaque matin, elle donnait le sou, terrible dépense pour sa pauvreté.

Un jour, elle arrive avec son écuelle ; le paysan la remplit de lait et tend la main.

— C'est que... je n'ai pas mon sou, dit la pauvre femme.

— Hein ? murmure le paysan, qui lève la tête.

— Le temps était mauvais, je n'ai rien pêché, répond la pauvre femme ; demain je vous donnerai le sou.

— Alors, demain je vous donnerai le lait, répond le paysan.

Et retirant l'écuelle des mains de la pauvresse, il en verse le contenu dans la jatte.

Autre trait, même avarice.

Une marchande de crevettes s'arrête à la porte d'une auberge du pays. La maîtresse de l'auberge sort.

— Combien toutes ces crevettes ? dit-elle.

— Six sous, madame, répond la femme.

— Six sous ! c'est pour rien ! vous faites là un terrible métier... Travailler toute la matinée, quelque temps qu'il fasse... ; marcher les jambes dans l'eau et la pluie ou le vent sur la tête, et gagner six sous, c'est dur !

— Il faut bien vivre, ma bonne dame, et

puis on a un enfant à nourrir..., ça donne du cœur.

— De belles crevettes comme ça pour six sous ! Vous allez donc à la mer tous les jours ?

— Oui, madame, tous les jours, deux fois.

— Été comme hiver ?

— Dame ! oui, on mange en toutes saisons.

— Pauvre femme ! s'exposer au froid, à la neige, aux bourrasques, pour six sous ! quelle misère !

— Ah ! quand la pêche donne, on ne se plaint pas.

— Il est certain que vous avez là de jolies crevettes. Tenez, ma brave femme, je les prends toutes. Voilà votre argent.

— Merci, madame.

La pêcheuse compte l'argent.

— Madame, reprend-elle, vous vous êtes trompée ; il me faut six sous et il n'y en a que cinq.

— Eh bien ! cinq sous, c'est assez... vos cre-vettes ne valent pas davantage ! Six sous ! comme vous y allez ! Il faut donc se ruiner, à présent... Partez, ma bonne, vous n'aurez rien de plus !

Et l'hôtelière emporte les crevettes en grondant.

Voilà pour l'avarice, voici pour la cupidité.

Un habitant du pays avait loué à la commune un lot de terrain, une *bannée*, comme on dit en Normandie, pour s'y livrer au plaisir nocturne de la chasse. Cette bannée lui avait été adjugée pour trois ans, au prix d'un franc par an, vingt sous ! L'homme avait creusé une mare et bâti une cahute sur sa bannée, et pendant les rudes nuits d'hiver, il venait y tuer des canards.

Il arriva que, pour faciliter les travaux en cours d'exécution, les entrepreneurs du Casino se servirent d'un petit coin de ce lopin de terre. Le propriétaire laissa faire, puis un matin il se présenta, son bonnet de coton blanc sur l'oreille et la pipe à la bouche.

— Voilà de beaux travaux, dit-il ; ah ! pour être beaux, ils sont beaux, et bien construits, et bien entendus.

— Ajoutez, père Pacot, répondit l'entrepreneur, qu'ils seront très-utiles au pays.

— Ah ! pour ça, oui ; mais ça n'empêche pas que vous n'ayez empiété sur ma bannée.

— Un petit coin, pour y jeter quelques charretées de sables.

— Petit coin tant que vous voudrez, mon bon monsieur ; mais vous me devez une indemnité.

— Pour cette bannée que vous payez un franc par an ?

— Qu'importe le prix. Elle est à moi, c'est mon bien.

— Voyons, ne chicanez pas, vous aurez vingt-cinq francs.

— Je n'ai pas donné mon consentement, moi. Vous êtes sur ma terre.

— C'est bon, on vous donnera quatre pistoles.

— Je ne dis pas ; mais c'est tout de même vexant de voir des charrettes qui défoncent une pièce de terre qu'on a payée de son argent.

— Oh ! père Pacot, trois francs en trois ans !

— Et les canards ! voilà deux ans que j'y tire des coups de fusils ; quatre cent cinquante pauvres bêtes à un franc pièce, ça fait quatre cent cinquante francs. Une jolie somme, mon

bon monsieur , et qui fait vivre toute une honnête famille.

— Vous chasserez toujours, père Pacot ; on
ne touche ni à la mare ni à la cahute.

— C'est vrai, comme il n'y a qu'un Dieu,
mais le reste est à moi aussi et ça me donne
droit à une indemnité.

Indemnité ! indemnité ! c'était le cheval de
bataille du père Pacot. A tout ce qu'on lui disait, il répondait : Indemnité ! Peut-être aurait-
il accepté comme une indemnité suffisante la
valeur de sa bannée, calculée sur le prix des
herbages.

L'auberge de la mère Lermois, à l'enseigne
de l'*Épée royale*, est une de ces auberges
comme on n'en rencontre plus que dans les cha-
pitres des vieux romans. Les armoires et les buffets sont en bois de chêne ou de noyer bien re-
luisant ; la cheminée est ample, large, et propre
à cacher une compagnie de chasseurs sous son
manteau hospitalier ; de longues poutres noires
soutiennent le plafond ; la vaisselle, bien frottée,
pend accrochée le long des murailles ; la broche
tourne devant un grand feu. Une ravissante fon-

taine en faïence de Rouen est dans sa niche,
entre deux bahuts; près de cette fontaine, et
sur une planchette, la vue est égayée par quelques pots et des figurines en faïence du plus
joli modèle. Les casseroles mijotent, le feu
flambe, et la mère Lermois va, vient, circule et
gourmande la maison ; elle a un mot pour tout
le monde, et sa langue est prompte à la répli-
que. Une cour intérieure sépare la cuisine et la
salle à manger des communs ; une galerie à
jour avec son escalier de bois, occupe un des
côtés de cette cour. Sur cette galerie ouvrent
les chambres des voyageurs. Les poules glous-
sent dans la cour ; les canards, insoucieux de
la broche qui les attend, barbotent dans un
ruisseau; un cabriolet est dans un coin, un
char-à-bancs sous le hangar; des bâts et des
harnais sont suspendus aux piliers ; quelques
outils gisent au pied d'un mur ; des plantes
parasites fleurissent sur la margelle des toits,
l'herbe encadre les pavés raboteux. Quand un
coup de soleil éclaire cette cour d'un vif rayon,
elle arrête et séduit l'œil ; il y retrouve tout
ensemble la vie et la couleur.

L'enseigne orgueilleuse de l'auberge est chère au cœur de la mère Lermois. Les archives de l'*Épée royale* conservent la signature de Louis XV ; de grands seigneurs ont dormi sous son toit. Au temps où les eaux de Brucourt attiraient la noblesse de Normandie, les gentilshommes avaient leur logement à l'*Épée royale*. C'était encore, en automne, un rendez-vous de chasse. Les dames de la cour y venaient chercher un air pur, pour réparer leur santé altérée par les veilles et les soupers de Versailles. A cette époque-là, la science médicale regardait les eaux de Brucourt comme le complément obligé des bains de mer. Le matin, on s'exposait aux coups de lame, l'après-midi on avalait quelques verres de la source de Brucourt, dont les eaux ont la saveur et, dit-on, la vertu, des eaux ferrugineuses de Vichy.

Les splendeurs royales de Versailles sont mortes, les splendeurs de Brucourt sont passées : cependant, la source coule toujours.

L'église de Dives, avec ses trois nefs du style ogival le plus pur, ses portails couronnés de rosaces, son clocher carré et ses larges propor-

tions, indiquent assez quelle importance avait
jadis le bourg de Dives. Elle appartient, par sa
construction, à l'architecture du treizième siècle,
et peut-être classée parmi les monuments les
plus curieux de la Normandie, si riche cependant en monuments de toutes sortes. Mais
les dalles de l'église sont effondrées ; les voûtes,
abîmées par le temps et l'humidité, s'écaillent
par place et laissent voir à nu leurs ossements
de briques disjointes. Les fines sculptures des
portails et des rinceaux, les nervures des chapi-
teaux et des croisillons, les gargouilles attachées
aux combles sont ébréchées. La ruine envahit
l'église et la menace.

Le lendemain de mon arrivée à Dives, c'était
jour de foire à Dozulé, chef-lieu du canton.
Toutes les voitures du pays étaient retenues. On
eut grand'peine à nous procurer un méchant
cabriolet à quatre places ; mais Normand était
là, et quand Normand se mêle d'une chose, il
faut qu'elle se fasse.

Normand est le vétérinaire de l'endroit ; il
sort des lanciers de la garde royale. Normand a
accompagné Charles X à Cherbourg. Quand la

troupe fidèle de ces vieux serviteurs de la
royauté fut licenciée, le vétérinaire vendit son
fourniment et son cheval, ramassa tout ce qu'il
avait d'argent, convertit la somme en or (six
mille francs, à peu près), prit avec lui un cama-
rade, rentra dans Paris et mangea bravement
sa fortune en quelques jours.

— Il fallait voir comme ça roulait! nous
disait-il.

Normand était à la pointe du jour à la porte
de la mère Moisy. Le cabriolet jaune était attelé
d'une jument brune et boiteuse, qu'il appelait
la Biche. Le harnais tout cassé, tenait çà et là
par des bouts de ficelle. La Biche avait la tête
brune, la crinière ébouriffée, le flanc maigre,
la queue pelée, l'œil à demi-clos.

— Hum! fit Collin en la regardant.

— Ah! vous croyez! s'écria Normand, qui
comprit la signification de ce coup d'œil; eh
bien! vous allez voir... Montez seulement.

Nous montâmes.

— Eh! la Biche! reprit Normand.

La jument se redressa et secoua la tête; elle

avait alors dans le mouvement et la pose quelque chose de vif qui nous étonna.

— Eh! sauvons-nous! ajouta Normand en lâchant les rênes.

La Biche partit au grand trot.

En dix minutes elle avait fait une lieue.

— Voilà la Biche! reprit Normand, en posant de côté son feutre gris. Que dites-vous de ses allures? Et c'est toujours comme ça.

— Quel âge a-t-elle?

— On n'en sait rien! mais ces bêtes-là, voyez-vous, ç'a du sang dans les veines! quand ça s'arrête, c'est que c'est mort. Elle fait ses petites douze lieues par jour, quelquefois plus! Dam! il faut vivre! Eh! sauvons-nous!

Lorsque Normand avait dit: *Sauvons-nous!* il fallait courir. La bête le savait et partait comme une flèche.

En sa qualité de vétérinaire. Normand connaissait tout le monde et toutes les maisons; il connaissait aussi tous les chevaux et tous les bœufs. Bipèdes et quadrupèdes ne passaient pas sans attraper un salut ou un mot.

— Eh! bonjour, père Loriot; ça va bien chez vous?

— Voilà la jument du gros Pierre!... Mauvaise bête, ça mange plus que ça ne vaut.

— Mes compliments à votre homme, m'ame Lambert... Le petit pousse-t-il bien?

— Oh! oh! le cheval du vieux Grignon!... voilà quinze ans que je le connais. C'est du fer que cette bête-là!

— Tiens, il n'y a plus de bœufs dans les herbages du père Futant?... Faut croire qu'ils étaient *graissés*.

Le verbe *graisser* est certainement le verbe dont on se sert le plus fréquemment dans toute la vallée d'Auge et dans le Cotentin. Il fait le fond de la langue. Tout y *graisse*, bêtes et gens. Toute l'industrie du pays et toute son agriculture se réduisent à *graisser* les bœufs. Le métier ne demande pas une forte tête, mais il exige un vigoureux estomac.

On a un champ, c'est-à-dire un herbage; il a une superficie de tant de bœufs. On calcule, en vallée d'Auge, non pas en hectares ou en arpents, mais bien par la quantité de têtes de bétail qu'une pièce de terre peut nourrir. Il y a, par conséquent, des terres de trois bœufs, de dix bœufs, de cent bœufs. La quantité n'implique pas toujours l'étendue. C'est aussi une question de fertilité. Le propriétaire achète des bœufs maigres, et les met dans son herbage. L'herbe du bon Dieu pousse, la pluie et le soleil aidant ; les bœufs mangent et *graissent*, et le propriétaire attend au cabaret qu'ils aient assez d'embonpoint pour les vendre au marché.

Ce n'est pas plus difficile que ça : on ne touche jamais aux prairies, et la saison se charge de les faire fructifier ; mais encore faut-il bien tuer le temps et employer ses loisirs. En conséquence, on fait élection de domicile au cabaret ; on déjeune longtemps, on dîne beaucoup ; on avale par-ci par-là quelques morceaux sur le pouce entre les repas pour entretenir l'appétit ; et, dans les intervalles on boit souvent.

Quand on n'est pas herbager en Normandie, il faut être aubergiste. La cuisine y est en permanence. On ne vide les verres que pour remplir les brocs. Si l'on vend des bœufs, c'est au cabaret ; si l'on achète des bœufs, c'est au cabaret. Le cabaret est la Bourse. Si l'on se rencontre, c'est pour entrer au cabaret : si l'on part, on entre au cabaret ; si l'on discute, on entre au cabaret ; si l'on pleure, on se console au cabaret. Le cabaret consomme ce que l'herbage produit. On ne saurait parler sans boire. Comme en Belgique on offre une chope de bière à son voisin, en Normandie, on offre une tasse de café au passant. Le café coule comme de l'eau. Un jour de marché, il n'est pas rare de voir les fermiers et les maquignons avaler quinze ou seize tasses de café. On en connaît même qui, dans les grandes occasions, en absorbent vingt-cinq ou trente. Le café aide aux transactions ; mais ces sortes d'opérations commerciales sont encouragées par les demoiselles du Calvados.

Honni soit qui mal y pense ! Il ne s'agit ici ni de Paphos, ni de Cythère : les demoiselles du Calvados sont des petits verres très grands, qui contiennent à peu près la valeur de deux ou trois verres à liqueur ordinaires. On ne saurait se souhaiter le bonjour, ou conclure un marché, sans prendre une demoiselle du Calvados, pleine jusqu'au bord de cognac ou d'eau-de-vie de cidre. Les vingt tasses de café ont donc pour compagne sept ou huit demoiselles du Calvados.

En Normandie, les estomacs sont doublés de zinc, et les gosiers à l'épreuve du feu. A la fin d'un repas, l'usage veut que les convives prennent le café, le pousse-café, la poussette, la rincette et la sur-rincette. Et les Normands y résistent de père en fils!

Le chemin qui va de Dives à Dozulé passe par Brucourt. La fontaine est sur la gauche, à quelques centaines de pas, dans un creux voilé de grands arbres. On y arrive par une avenue bordée de frênes et d'ormeaux. Ce petit coin de terre est vert et frais comme un paysage de Troyon. La source sort du rocher et tombe dans une auge, d'où elle se perd le long des haies. Elle ne diminue ni n'augmente jamais, quel que soit le temps, pluie ou sécheresse. Son volume est à peu près de la grosseur d'un pouce. Une colline domine la source; un gros arbre en occupe le sommet, et, du haut de ces pentes vertes, l'œil découvre une immense étendue de pays, fermée par la mer. Il serait aisé, si la mode ramenait la foule à Brucourt, d'établir là un pavillon charmant. Quelques chaumières cachées sous les pommiers, et de jolis chemins creux augmentent le grâce de ce site agreste. Avec les splendeurs promises aux bains de Dives, Brucourt sortira peut-être de son oubli.

La source de Brucourt appartient à Madame Hope. L'herbage qui l'entoure appartient aussi à Madame Hope, et la métairie aussi, et la colline aussi, et le vallon aussi. Le nom de Madame Hope revenait dans la conversation de Normand comme le nom du marquis de Carabas dans la fameuse chanson. Madame Hope ici et Madame Hope plus loin. A vue d'herbages, on estime qu'elle a trois cent mille francs de rentes dans le pays.

Le chemin sur lequel trottait la jument boiteuse de Normand est une allée de parc anglais. On traverse un pays coquet comme un jardin : chaque coude du chemin découvre des paysages qui semblent copiés d'après les tableaux de Jules Dupré, de Rousseau, de Français, de Corot. Les eaux vives coulent dans les herbes ; des haies en fleurs tournent autour des prés ; de grands arbres ombragent le sentier; de jolis ponts sautent par-dessus le ruisseau ; des moulins babillent sur leurs rives ; des forêts de pommiers couvrent la campagne, et des bœufs énormes, errant dans le paysage, lui donnent la vie et le mouvement.

Dozulé est un bourg comme on en trouve dans les opéras-comiques, coquet, joli, charmant, et ouvert de tous côtés sur la campagne. Quand nous y entrâmes, il était tout rempli d'une foule grouillante et bruyante, au travers de laquelle les voitures avaient grand'peine à circuler. Les fermiers et les maquignons arrivaient sur leurs vigoureux chevaux. La longue rue du bourg était pleine de marchands de toile, de rouennerie, de rubans, de bonnets, d'outils de toutes sortes, d'ustensils de toute espèce, au milieu desquels allaient et venaient les Normandes, en grands atours. Les coiffes prodigieuses avaient, pour un jour, détrôné le bonnet de coton blanc. On criait à étourdir les cloches.

A côté du champ de foire, un charlatan, grimpé sur une carriole, faisait rage, battait

du tambour, sonnait de la trompette, et arra-
chait les dents gâtées du Calvados à la pointe du
sabre. Des bandes de porcs attachés par les pattes,
des troupeaux de vaches attachés par les cornes,
des escadrons de chevaux attachés par le cou,
mêlaient leurs grognements, leurs beuglements
et leurs hennissements. Les coup de fouet cla-
quaient partout. Les commères, par douzaines,
en jupons de cotonnade rouge, bavardaient dans
une boucherie voisine où l'on débitait des quar-
tiers de viande. Le cliquetis des verres et des
tasses sonnait dans une grande auberge, où l'on
entendait un grand bruit de faïences, inter-
rompu par des chansons. On marchait sur les
poules, on coudoyait les veaux. Le tapage du-
rait depuis quatre heures et ne s'arrêtait pas.

Un torrent de café ruisselait dans le bourg ;
les demoiselles du Calvados ne savaient auquel
entendre. Les rôtissoires flambaient. Ce n'étaient
que poulardes embrochées et canards rôtis. On
assistait aux fameuses noces de Gamache, où
Sancho Pança ne se tenait pas d'aise. Les dix
auberges de Dozulé regorgeaient de monde : et
il fallait voir comme on mangeait !

Les transactions commerciales se traitent encore à Dozulé, comme dans toute la vallée d'Auge, en pistoles et en louis. La pistole vaut dix francs, le louis vingt-quatre francs. Cet usage étonne et embrouille un peu les Parisiens. Un cheval qu'on leur vend cinquante louis leur coûte, en réalité, non pas mille francs, mais douze cents francs. C'est un bénéfice au profit de la Normandie.

Nous reçûmes l'hospitalité chez M. L..., notaire à Dozulé. On aurait dîné quatre fois à Paris avec le déjeuner improvisé qu'il nous offrit. Mais M. L... a dans sa cuisine un cordon-bleu, et il ne resta rien du déjeuner.

Quand M. L... acheta une étude à Dozulé, il n'y connaissait personne, et trouva devant lui cette froideur et cette réserve qui accueillaient toujours l'étranger en province. Il est aujourd'hui maire de Dozulé, et membre du conseil général du Calvados, pour le même canton. Son étude est la plus achalandée du pays ; fermiers, propriétaires, industriels, tout le monde veut avoir affaire à lui, et rien de considérable ne se fait dans le canton sans qu'il soit consulté. Tout l'homme est dans ce résultat.

Le haras de Troarn avait envoyé trois étalons pour la remonte à Dozulé : *Ramsay, Parfait* et *Quia. Ramsay* est un cheval de selle ; les deux autres sont des chevaux de trait. Tous trois étaient admirables de formes. Il est impossible que tels producteurs ne finissent pas par améliorer la race chevaline, déjà si belle en Normandie. De pareils dépôts existent aussi à Beuvron et dans d'autres localités, où deux fois par an le haras de Troarn envoie des étalons.

Le soir, en rentrant à Dives, nous trouvâmes un de nos amis, M. D... M..., installé chez la mère Moisy, avec ses deux fils, Georges et Henri. Georges et Henri profitaient des vacances de Pâques pour faire une excursion en Normandie. Ils avaient fait dix lieues dans la journée : c'était leur étape de début.

Ces deux jeunes écoliers marchent comme le Juif errant : c'est une habitude que leur père leur a donnée. Ils ont déjà fait à pied, en suivant la côte, le voyage de Dunkerque. Cette année, ils iront du Havre à Cherbourg. Le vent, la pluie et les coups de soleil n'y font rien ;

quand le sommeil s'en mêle, ils marchent en dormant ; mais, à l'heure du dîner, ils se réveillent toujours.

Pour tromper la fatigue et charmer les ennuis des longues étapes, M. D... M... imite le moyen que la sultane Sheerazade employait pour sauver sa tête : il raconte des histoires à ses fils. Il a remplacé les *Mille et une Nuits* par les mille et un jours. Légendes, contes, fabliaux, chroniques, aventures, il emploie tout, mêlant au réel, la chimère à l'histoire, et puisant dans son imagination quand la mémoire ne suffit plus. La longue étape de la journée, — M. D... M.... s'était égaré dans les herbages, — avait nécessité l'emploi des histoires les plus invraisemblables. Au moment de son arrivée chez la mère Moisy, la petite caravane était en plein dans les aventures étonnantes d'une servante, nommée Louison, qui, voyageant en Espagne, était tombée aux mains d'une troupe de brigands. Il était question de savoir comment elle sortirait de la carverne épouvantable, où elle avait été conduite par le terrible Rolandino Rolandini. Le dîner mit fin aux perplexités de Georges et d'Henri.

M. D... M... a souvent cinq ou six histoires
en train. On les interrompt et on les reprend
tour à tour. Cela varie l'intérêt. C'est *la suite au
prochain numéro* des feuilletons, appliquée à la
promenade.

L'un des fils de M. D... M..., Henri, d'audi-
teur qu'il est le plus souvent, devient quelquefois narrateur. Il invente alors des histoires,
qu'il raconte ensuite à son père et à son frère
aîné.

Un jour il commença son récit par ces mots :

« Il était une fois une grande calande, qui
avait une petite calande... »

— Qu'est-ce que c'est qu'une calande? lui
demanda-t-on.

— Je n'en sais rien, répondit Henri.

Et il continua.

Parmi ces récits, il en est un qui rappelle,
par sa naïveté, les légendes qui sont populaires
en Flandre. Le voici dans toute sa fidélité. Cette
légende est intitulée *Christ et le vitrier*.

« Un soir le Christ, sous la forme d'un pauvre,
sortant d'une ville située bien loin, suivait un
chemin poudreux. Il faisait grand chaud et il

avait soif. Il avisa un fermier qui regardait,
assis sur le pas de sa porte, les charges de blé
qu'on versait dans son grenier.

» — Donnez-moi un verre d'eau, lui demanda
le Christ.

» — Passe ton chemin, mendiant, répondit le
fermier.

» — Ayez pitié de moi, reprit le Christ ; je
marche dans le sable depuis ce matin et je suis
altéré.

» — Si tu ne t'en vas pas, poursuivit le fermier, j'appellerai mes vallets et ils te battront.

» Le Christ étendit la main, et aussitôt une
quantité extraordinaire de rats accourut de tous
les points de l'horizon, et se précipita dans les
greniers, où tout le blé fut mangé en un instant.

» Un peu plus loin, le Christ rencontra un
vitrier qui s'en allait par les chemins, vendant
ses vitres.

» Le Christ l'arrêta.

» — Je suis las, lui dit-il ; une source est là-
bas, allez m'y chercher un peu d'eau, je vous
prie.

» Le vitrier laissa là ses vitres et courut à la source.

» Un moment après, il revint portant son chapeau plein d'eau.

» — Voilà de l'eau. Buvez, brave homme, dit-il. J'ai là dans ma poche un morceau de pain ; c'est tout ce que j'ai. Prenez-le et mangez.

» Le Christ but et mangea.

» Après qu'il eut fini, il prit dans son manteau un violon, et le donna au vitrier.

» — Allez, dit-il, et soyez béni au nom de notre Père, qui est au ciel.

» Le vitrier s'en alla tout joyeux avec son violon, car c'était un homme gai, et qui aimait à rire quand il avait travaillé.

» Comme il entrait dans un bourg, il rencontra le gouverneur du pays qui revenait de la chasse avec une grande suite de pages et d'officiers.

» Le vitrier mit le violon sur son épaule, et se mit à en jouer pour faire fête au gouverneur.

» Voilà que tout aussitôt les chevaux se mirent à danser, et le gouverneur fut jeté par terre avec toute sa suite.

» Le vitrier accourut pour le relever ; mais le gouverneur, furieux, le fit arrêter par ses soldats et jeter en prison.

» Il y avait dans la prison un peu de paille, un morceau de pain noir et une cruche d'eau.

» Le vitrier se souvint du voyageur qui lui avait donné le violon.

» — Il ne peut pas m'avoir rendu le mal pour le bien, dit-il.

» Et il s'endormit.

» Le lendemain, les soldats du gouverneur le menèrent devant le juge.

» Le vitrier était accusé d'avoir voulu faire mourir le gouverneur en effrayant le cheval.

» — Quel est votre état ? lui demande le juge.

» — Je suis vitrier, répondit le prisonnier.

» Alors vous voyez bien que vous ne pouviez pas avoir de violon, si ce n'est dans de mauvaises intentions.

» Et on condamna le vitrier à mort.

» Quand le bourreau vint le prendre pour le mener au lieu du supplice, une grande foule de peuple remplissait les rues de la ville. On se mettait aux fenêtres pour regarder l'homme qui avait voulu tuer le gouverneur, et les femmes le faisaient voir aux petits enfants. Les soldats, armés de hallebardes, marchaient autour du vitrier.

» Étant au pied de la potence, le vitrier se tourna vers le bourreau qui apprêtait la corde.

» — Si tu veux me rendre un service, je te donnerai toutes les vitres qu'il y a dans ma hotte, lui dit-il.

» — Parle donc, repartit le bourreau, qui était un nègre.

» — Donne-moi mon violon, afin que je l'embrasse une dernière fois.

» Le bourreau donna le violon au vitrier.

» Aussitôt que le vitrier l'eut dans ses mains, il se mit à jouer.

» Alors on vit sur la place tout le monde danser. Le juge dansait avec sa robe ; les soldats dansaient avec leurs hallebardes ; les femmes dansaient avec leurs petits enfants, et le bourreau dansait sur la potence.

» Le gouverneur lui-même, qui était sur un

balcon avec toute sa cour, dansait au milieu de pages, qui dansaient aussi.

» Le vitrier seul ne dansait pas.

» Et, comme il jouait toujours, on dansait toujours. Et il joua tant, que tout le monde finit par tomber par terre d'épuisement.

» Alors le vitrier mit le violon sous son bras, et s'en alla.

» Mais il laissa ses vitres dans sa hotte comme il l'avait promis au bourreau.

» Comme il marchait à grands pas, craignant d'être poursuivi, le vitrier rencontra le Christ, qui voyageait un bâton à la main.

» Du bout de son bâton, le Christ lui montra une rivière qui sortait du bois.

» — Tu suivras cette rivière, lui dit-il, jusqu'à ce que tu trouves une grande maison devant laquelle il y aura des gens qui boiront et mangeront. Va, ta foi t'a sauvé.

» Le Christ disparut, et le vitrier suivit la rivière.

» Au bout d'une heure, le vitrier avait fait cinquante lieues ; si bien que les cavaliers du gouverneur, qui le cherchaient partout, ne purent le rejoindre.

» Il se trouvait alors devant une grande maison dont les habitants buvaient et mangeaient autour de la porte.

» Le vitrier ajusta son violon et se mit à jouer.

» On se leva de table, et les filles, prenant les garçons par la main, se mirent à danser.

» Et la fille d'un meunier du pays ayant vu le vitrier, et ayant dansé aux sons de son violon, se prit à l'aimer tout de suite et l'épousa.

» Et comme elle avait de grands biens, il resta dans le pays, où il vécut très-heureux, et il eut beaucoup d'enfants. »

Ici finit l'histoire du vitrier et de Jésus-Christ.

A qui n'est-il pas arrivé de rencontrer des visages qui rappellent des souvenirs confus ? Il semble qu'on les connaisse, et l'on ne peut dire cependant où l'on les a vus, ni dans quelles circonstances. Cette sensation, je l'éprouvai chez la mère Moisy. Il y dans la grande salle, — la salle des banquets, — au coin du feu, un grand

jeune homme, dont la haute taille et la tête ex-
pressive et mâle parlaient à mon souvenir.
C'était à Paris certainement que je l'avais vu, et
sur ce boulevard où je ne sais quelle franc-ma-
çonnerie du regard relie magnétiquement les
habitués de l'asphalte.

Je ne me trompais pas, M. G... est un exilé
de Paris, un transfuge du boulevard. Après avoir
été un des hôtes accoutumés des premières re-
présentations, des ateliers et des courses, il a
tout à coup rompu avec ses habitudes et brusquement échangé le mouvement et le tumulte
contre le calme et l'isolement. Il a sauté de
Paris à Dives, sans transition.

Je ne sais quel hasard le conduisit à Dives.
Cette solitude profonde, cette petite rivière, ces
longues dunes, cet océan, séparé des prairies
par une langue de sable, ce spectacle de la mer
dans sa magnificence éternelle, ces hautes falaises
qui semblent un rempart bâti par des mains de
géant, toute cette nature à la fois sauvage et
souriante le séduisit. Il s'y arrêta et y acheta un
coin de terre, sur lequel il a fait bâtir une maison
coquette au regard et commode à l'intérieur.

Du sommet des collines qui bornent ce petit
domaine, on jouit d'une vue admirable ; la Dives
coule à quelques pas de la maison ; au delà des
dunes, c'est la mer.

Le café nous attendait chez M. G..., dans un
salon qu'il a fait arranger et distribuer comme
un atelier. De grandes armoires vitrées sont
remplies d'oiseau aquatiques tués à Dives, et
empaillés par lui. Grues, hérons, canards de
vingt espèces, pluviers, spatules, courlis, plon-
geons, macreuses, grèbes, oies, mouettes, bé-
cassines, mêlaient leurs becs et leurs plumages
dans ce musée ornithologique, qui prouvait tout
ensemble la variété des espèces qui hantent ces
côtes et l'adresse du propriétaire. Un quart
d'heure de conversation avait fait jaillir vingt
noms, qui étaient entre nous comme des points de
contact. M. G... connaissait presque tous les ar-
tistes de Paris, et l'on voyait pendues au mur les
œuvres signées de plusieurs d'entre eux, et
parmi ces œuvres de très beaux portraits de
M. Tissié.

M. G... est devenu l'un des propriétaires les
plus considérables du bourg de Dives, où il de-

meure toute l'année. Sa maison est la plus confortable et la plus jolie. Les pauvres du pays en connaissent tous le chemin.

Les campagnes de Dives sont très giboyeuses, les côtes surtout, où, pendant l'hiver, abondent toutes les races de palmipèdes et d'échassiers. M. G... est devenu un terrible Nemrod, presque sans y penser. Pendant les nuits glaciales de janvier et de février, il reste patiemment couché au bord de l'eau, attendant le passage du gibier.

Les chasseurs silencieux ont devant eux une mare étroite, sous eux un peu de paille, sur eux et autour d'eux le toit conique d'une cahute sous laquelle un chien est blotti.

Quelques canards privés, attachés par la patte, nagent dans la mare. On les distingue au clair de lune, qui jouent et barbotent de l'air le plus innocent. Le silence est profond. La brise souffle. Tout à coup les canards privés s'agitent, ils crient et battent de l'aile, d'autres cris lointains leur répondent, des vols de canards sauvages, attirés par l'appel de leurs camarades, s'abattent à grand bruit dans la mare.

Tandis qu'ils lissent leur plumes et causent entre eux des épisodes de leur voyage, les canards privés s'écartent prudemment et se retirent vers les bords de la mare. Les voyageurs restent seuls ; un coup de fusil part, et la bande effarouchée fuit à tire d'aile, laissant sur l'eau quelques victimes de cette trahison. Le chien bondit hors de sa niche et va ramasser les morts et les blessés.

Toutes les nuits, pendant la saison froide, les bords de la Dives sont sillonnés d'éclairs et troublés par de brusques détonations. Quand le vent du nord souffle, c'est un massacre. Les victimes vont au Havre, à Caen, à Rouen, à Paris. Le canard est l'un des produits les plus abondants de Dives.

M. G... entretient chez lui une bande de ces volatiles civilisés. Ils vivent à l'état libre, et nichent patriarcalement dans les mares d'alentour. Chaque matin et chaque soir, à l'appel de leur maître, ils accourent de tous côtés et viennent se ranger sous sa main. Mais, vagabonds et folâtres au temps chauds, dès les premières neiges ils reprennent leurs fonctions traîtresses.

Un jour, nous avions poussé dans l'intérieur des terres, un autre jour nous avions suivi le rivage, dans la direction de Trouville : les falaises après les herbages. Cette promenade de six lieues est une des plus intéressantes qui se puisse faire ; aux heures où la marée basse laisse la plage à nu, il est facile de suivre la côte, dont les ondulations pittoresques découvrent mille sites variés. Partout le pied foule un sable fin et compacte, aussi doux que le velours. Quelques postes de douaniers, échelonnés à de longues distances, veillent sur le rivage, tout constellé de coquillages abandonnés par la mer. De grandes masses de glaise pareille à celle dont se servent les sculpteurs pour leurs maquettes, hérissent la côte et s'éboulent avec la pluie ; de leurs flancs nuancés de tons bleus et violets s'échappent des ammonites et une foule d'autres coquilles pétrifiées, contemporaines du déluge. Quelquefois la campagne s'ouvre sur une baie étroite, et, par cette échancrure ménagée entre deux rampes vertes, l'œil découvre un frais paysage où file un petit ruisseau sous le dôme épais des arbres. Des chaumières, autour desquelles jouent des enfants, égayent de leur doux bruits ces petits coins de terre.

Après les *Vaches Noires*, groupe sombre de rochers que la mer attaque dans les marées hautes, on approche des falaises. Elles tombent à pic sur la plage, sillonnées partout de larges fissures creusées par les pluies. Leurs flancs escarpés se dressent à d'énormes hauteurs ; sur leurs crêtes tournoient sans cesse des vols de corbeaux. Aperçues du rivage, ces falaises affectent toute espèce de formes, où il semble que la main des hommes ait passé. Là, ce sont des tourelles et des clochers, des buffets d'orgue et de larges piliers d'église ; ici, des remparts bastionnés et de sombres donjons. Des masses déchiquetées, pareilles à des pendentifs, surplombent çà et là les pentes raides des falaises ; attaquées par les pluies et lézardées de toutes parts, un jour elles s'éboulent et roulent avec un fracas sourd jusqu'aux rochers qui bordent leur pied. On ne voit rien que la mer, le ciel et la falaise. Quand le ciel est obscur et la mer houleuse, rien n'est plus imposant que l'aspect sauvage de cette côte. Malheur aux voyageurs

que la marée surprend sur la plage! La falaise
est infranchissable et le flot qui monte en battra
vite les flancs abrupts. Aucune fissure, aucun
sentier n'en perce la muraille inflexible, et l'argile glisse sous le pied qui veut tenter l'esca-
lade.

De gros rochers tapissés de moules hérissent
la plage çà et là, comme d'informes verrues
noires. On dirait de loin des monstres marins
oubliés par le flot. Autour de ces rochers, de
pauvres femmes et des enfants cueillent avec
des couteaux les coquillages qu'attend l'heure
du dîner; d'autres femmes armées de légers
filets pêchent les crevettes. Ces femmes, quelle
que soit la saison, vivent dans l'eau; leur peau
rouge est à l'épreuve du froid.

Des voiles qui viennent de traverser l'Ocean passent à l'horizon; les barques de pêcheurs rasent la
côte, et l'on voit au loin la longue colonne de
fumée des bateaux à vapeur qui vont du Hâvre
à Trouville, ou de Caen au Hâvre. Quelques
douaniers, la carabine sur l'épaule, longent
le rivage d'un pas rapide, le pied et l'œil au
guet. Des étoiles de mer, des crabes, mille

coquiilages jonchent le sable brillant, où le flot
qui recule laisse des flaques d'eau qu'il faut
franchir d'un bond. On tourne la pointe d'Houl-
gate où sera bientôt élevé un monument à la
mémoire de Guillaume - le - bâtard qui fut
Guillaume-le-Conquérant, et, après deux ou
trois heures de marche, on arrive au château
de Villers.

Le village qui est au bord même de la côte,
dans un pli de terrain, se compose de quelques
chaumières et d'une église, enfouies dans un
taillis de pommiers. Un banc de sable sépare à
peine la prairie de l'Océan. Ici la source qui
murmure, là le flot qui gronde.

La vallée de Bouzeval, qui s'ouvre près de
Villers, vous invite à la suivre dans ses détours
ombreux et frais. On s'avance sous le couvert
des arbres, et, dès les premiers pas, on trouve
pour chemin vicinal le lit même d'un ruisseau.

Les talus quelquefois profondément encaissés,
comme ceux des *traines* dans le bocage ven-
déen, ou évasés comme les bords d'une coupe,
sont tapissés d'herbes où brillent la violette et
la primevère ; l'églantine et l'aubépine y mêlent

leur léger feuillage, et sur les deux rives du ruisseau paissent des troupeaux errants.

Ce ruisseau est le seul chemin de la commune, les charrettes le suivent et rayent le gravier de profondes ornières. Quand il a plu, les chevaux enfoncent jusqu'aux jarrets ; quand il fait sec, ils barbottent dans un mince filet d'eau. Les piétons suivent la berge et passent en sautant d'un bord à l'autre.

On côtoie ainsi de petites cascades qui se couvrent d'écume en heurtant quelques pierres, colères d'enfants voisines du rire. On franchit de jolis ponts, délices des paysagistes, faits de deux ou trois poutrelles que la mousse tapisse de son velours vert ; on tourne autour de bassins ménagés dans des creux de rochers, où la truite se joue ; on marche à fleur d'eau sur la tête de grosses pierres roulées au milieu du ruisseau ; on coupe à travers prés pour éviter un coude fait par le chemin, et l'on arrive ainsi au moulin de Beuzeval, où M. Alphonse Karr a placé la scène d'un de ses plus charmants volumes : *la Famille Alain*. Que de toits de chaume et que d'iris bleus sur ces toits !

Le vent nous attendait à Dives. Quel vent! Le soir venu, quand le soleil dans sa pourpre, eut disparu derrière les flots, on aurait pu croire que le vieil Éole avait ouvert ses outres classiques. Le vent soufflait, sifflait, mugissait, hurlait, pleurait; tout le ciel était en rumeur, et l'on entendait le grondement sourd de la mer qui déferlait au pied des dunes. On ne sait pas ce que c'est que le vent à Paris : le vent est un provincial.

Si les baigneurs n'ont pas assez de quatre lieues de plages sans cailloux, ils n'ont qu'à choisir leurs promenades dans cet immense parc anglais qui sert de campagne à Dives. Là Beuzeval, ici Villers, plus loin Troarn ou Dozulé, Varaville ou Beuvron, des dunes et des herbages, des chemins sablés, et la rivière qui promène sa course indolente au travers des pommiers et des prairies, comme un ruban d'argent sur un émail vert.

Cette campagne normande est pleine de surprises : partout de charmants presbytères qui invitent au repos, ceux-là assis au penchant des côteaux, ceux-ci cachés au creux de la

vallée ; de jolies églises où l'art a laissé son em-
preinte, à l'une un porche, à l'autre un clocher, ou bien encore des rosaces ou quelque
fenêtre ogivale fouillée comme un bijou ; des
châteaux coquets avec leurs tourelles en poi-
vrière et leurs toits pointus couverts d'ardoises ;
des villages pittoresquement éparpillés dans les
prés avec leurs enclos de verdure, et de tous
côtés une eau limpide, canal ou ruisseau, sur
lesquels naviguent des flottilles de canards.

Maintenant remarquez bien ces personnes
que vous rencontrez coiffées du chapeau ciré
des maquignons, ou vêtues de la blouse bleue
du laboureur. Ce paysan dont les gros souliers
ferrés incrustent leurs clous dans la poudre du
sentier, c'est un capitaliste, il a cinquante mille
francs de rentes en bonnes terres ; cet autre
qui conduit là-bas la charrue et harcèle les
lourds chevaux du bout de son fouet, c'est M. le
comte X... Dans tout le pays autour de Dives,
la noblesse habite la terre et la cultive de ses
mains.

Dans toutes les maisons, derrière la vitre s'il
pleut, au coin de la fenêtre ouverte si le soleil

rit, le regard du touriste rencontre les profils inclinés des jeunes filles qui font de la dentelle. Leurs mains agiles chassent les bobines et croisent les milles fils de soie dont le réseau noir tapisse le coussin de serge verte qui repose sur leurs genoux patients. Rien ne peut les détourner de ce travail, qui les absorbe et les fascine. Il paraît qu'on ne saurait expliquer, à moins de l'avoir éprouvée, l'influence de ces petits fils mêlés en tous sens. Ils vous commandent, ils sont les maîtres ; une fois la dentelle commencée, rien ne délasse qu'elle ne soit terminée. Le voyageur peut regarder l'active ouvrière, elle ne relève pas la tête ; s'il lui parle, elle répond sans arrêter le mouvement de ses doigts. Toute cette activité, toute cette patience, rapportent vingt sous par jour.

Après huit jours de promenades à travers champs, durant lesquels Henri avait embrouillé l'histoire de la grande calande et de la petite calande, notre ami Collin, tout fier de ses succès, nous fit voir son jardin anglais tracé entre les plis des dunes, et le plateau sur lequel doit être assis le casino de Dives, entièrement déblayé.

On avait commandé le bâtiment aux constructeurs de Caen, et des curieux, attirés de tous les pays voisins, accouraient sur les dunes pour voir l'état des travaux.

A ce pays de production, où toutes les denrées abondent, les consommateurs seuls font défaut ; vienne encore une saison, et ils ne manqueront plus.

J'étais arrivé à Dives par Trouville, je m'en allai par Caen. La route n'est pas moins jolie, et on trouve, en la suivant, l'occasion de donner un coup d'œil à la capitale du Calvados. Les bateaux à vapeur qui font le service régulier et quotidien entre le Havre et Caen, rendent le voyage facile et rapide. Si la promenade du Havre à Trouville rappelle, dans les beaux jours de l'été, la promenade de Paris à Saint-Cloud chère aux canotiers, celle de Caen au Havre est presque une navigation. La descente de l'Orne et la traversée en mer durent à peu près trois heures et demie, deux fois plus de temps qu'il n'en faut pour aller de Calais à Douvres. L'Orne coupe de ravissantes campagnes semées de villages et de châteaux ; le chenal est indiqué par des balises, et l'embouchure du fleuve dans la mer, ensablée çà et là, impose au navire des détours longs et patients dans lesquels le pilote doit montrer à la fois la prudence du renard et la sagacité du castor.

Mais viennent quelques mois encore, et lorsqu'un embranchement aura mis Trouville en communication directe avec Paris, Dives et la vallée d'Auge ne seront plus qu'à la distance de quatre cigares du boulevard des Italiens.

GASPARD DE BESSE

Il est peu de pays ou on ne conserve le souvenir de certaines individualités vigoureuses
qui se détachent de la masse sociale, autant par
l'étrangeté de leur caractère que par la poétique
auréole dont les légendes populaires se sont plu
à les couronner. Si les hauts faits de ces personnages s'exercent le plus souvent dans un cercle
circonscrit par les lois criminelles, la renommée
leur prête une si singulière bravoure, tant de
spirituelle audace, une si complète insouciance
de l'avenir, que l'esprit public amoureux
des choses extraordinaires finit presque toujours par pardonner à leur mémoire. Ainsi
Robin-Hood en Angleterre, Fra-Diavolo en Italie,

Rob-Roy en Ecosse, José en Andalousie, tous
bandits au premier chef, tous coupables maintes
fois des crimes prévus par tous les codes, ne
sont plus, aujourd'hui que le temps a passé sur
leurs cendres, que de poétiques révoltés qui,
mal à l'aise dans les villes policées, ont demandé
au sabre une existence plus active et plus indé-
pendante. Sur le canevas de leurs scélératesses,
la chronique menteuse brode certaines aventures galantes, certaines péripéties romanesques
qui jettent autour du bandit un voile anacréonti-
que ; on refait à sa taille l'armure courtoise des
chevaliers ; on se plaît à conter de merveilleuses
histoires semées de petits vers, d'échelles de soie,
de rendez-vous nocturnes, de désespoirs amoureux ; et, grâce aux magiques transformations
des légendes, le brigand aux mains sanglantes
s'efface devant un héros idéal en pourpoint de
velours.

Vers le commencement du xviii° siècle, la
Provence possédait un de ces héros qui font des
bois leur séjour habituel et hantent les grandes
routes aux heures sombres. Gaspard de Besse
avait une haute réputation dans le pays ; il

exploitait avec la même audace et la même impunité les rives sablonneuses de la Durance et les
montagnes verdoyantes du Var. On le voyait
tour à tour battant la campagne aux environs
d'Aix et dans le comtat Venaissin ; les possessions
du Saint Père n'étant pas plus épargnées que les
pays soumis à la juridiction du duc de Nillars
alors gouverneur de la Provence. Il échappait aux
poursuites, déjouait les embuscades, et faisait
force mauvais coups dans les bois de l'Esterel,
tandis qu'on le cherchait dans les gorges
d'Ollioules. Gaspard de Besse se riait de tous les
efforts et s'amusait même, dit-on, à signer de
sa propre main les signalements que les autori-
tés locales faisaient afficher aux portes des auberges et autres lieux publics.

Les bonnes gens des campagnes commen-
çaient à croire que l'insaisissable voleur pouvait
bien être un magicien ressuscité. Le soir, quand
la famille était groupée autour du feu de l'âtre,
on se racontait à voix basse de singulières histoires qui tenaient beaucoup plus au domaine
de la féerie qu'au cercle restreint de la réalité.

Cependant si Gaspard de Besse était redouté

de tous, il n'était pas l'objet d'une haine univer-
selle ; il dévalisait les châteaux, mais faisait
grâce aux chaumières, et s'il faisait payer con-
tribution aux carrosses qui passaient sur son
empire, il permettait aux modestes voitures des
fermes une libre circulation. Gaspard de Besse
ne tuait qu'à son corps défendant ; on ne pouvait
lui reprocher aucun assassinat. Quand il se livrait
à l'exploitation de quelque canton vierge encore,
il ne faisait usage de ses armes qu'à la dernière
extrémité, il préférait échouer dans ses tentatives
plustôt que de devoir le triomphe à la lame de
son poignard.

Les dames de l'aristocratie d'Aix n'étaient pas
non plus très courroucées contre lui ; quelques-
unes même lui pardonnaient ses vols en faveur
de ses belles manières ; il avait des grâces infi-
nies quand il présentait ses excuses aux châte-
laines surprises au milieu de leur sommeil par
sa brusque apparition ; il oubliait toujours quelques joyaux de l'écrin dérobé et demandait avec
douceur qu'on voulût bien ouvrir les secrétaires
afin de ne pas l'obliger à user de la force pour
briser les serrures.

On comprendra peut-être ceci, si nous ajou-
tons que Gaspard avait de grands yeux bleus,
une superbe chevelure bouclée et les blanches
mains d'un gentilhomme.

Madame d'Albertas arrêtée par lui, un soir
qu'elle se rendait en carrosse à son château près
de Septême, racontait naïvement que le voleur
avait paru plus sensible au plaisir de baiser sa
main nue, qu'à celui de ravir les bagues qui
étincelaient à ses jolis doigts.

— Voyez disait-elle, ne m'a-t-il pas laissé
celle-ci, sur la seule prière que je lui en ai
faite.

— Gardez-la m'a-t-il répondu ; un nouveau
souvenir se rattachera à ce bijou que vous
aimez.

On prétendait même que Gaspard de Besse
avait laissé bien d'autres traces de son passage
dans les châteaux voisins. De jeunes et charman-
tes marquises gardaient de ses visites des souvenirs plus intimes ; on assurait encore que dans
ces circonstances-là, le poétique voleur n'avait
jamais eu besoin de recourir à ses armes.

Entre autres aventures qui défrayaient les mé

disantes conversations de l'hôtel du duc de Villars,
on en racontait une qui nous a été donnée pour
véridique par le petit-fils d'un gentilhomme qui,
jeune alors, avait joué un rôle actif de ce petit
drame inédit.

Vers la fin du mois de l'année 171., madame
de Serviane se rendait au château qu'elle possédait à un quart de lieue des bords de la Durance.
A cette époque de l'année la chaleur est si violente en Provence, qu'à moins d'une nécessité
absolue, personne ne se hasarde à suivre les
grandes routes tant que le soleil flamboye au
ciel d'un azur ardent.

Madame de Serviane était donc partie d'Aix
à la chute du jour, et la nuit la surprit lorsque
son carrosse roulait encore le long du chemin
sinueux qui, au travers de campagnes acciden-
tées, conduit au village de Sainte-Marie-de-Re-
parade. La terreur qu'inspirait la présence de
Gaspard de Besse, dans les environs d'Aix, avait
fait prendre quelques précautions à la marquise.
Sa voiture, attelée de quatre chevaux, allait
aussi vite que le permettaient les ondulations du
terrain ; deux grands laquais armés jusqu'aux

dents avaient pris place sur le siége et le postillon portait de larges pistolets aux fontes de sa selle.

Déjà madame Serviane, que le monotone balancement de la voiture, et les tièdes parfums répandus dans l'air chaud avaient presque assoupie, pouvait distinguer au loin la Durance dont les ondes rapides étincelaient aux pâles rayons de la lune. Ses paupières à demi closes s'ouvraient paresseusement pour suivre le sillage lumineux de la capricieuse rivière, lorsque au détour d'un bouquet de chênes-liège, à l'angle d'une colline, le carrosse se trouva inopinément cerné par une bande d'individus à faces sinistres, et armés de façon à ôter toute espérance de salut.

Les laquais et le postillon, tenus en respect par la vue de plusieurs carabines, n'essayèrent même pas une inutile résistance. Madame de Serviane, tremblante comme l'hirondelle aux serres d'un épervier, détachait avec promptitude les bagues passées à ses doigts et les bijoux attachés à son cou et à ses oreilles. La pauvre femme tendait vers la portière une main pleine

de pierreries, et de l'autre essayait de cacher
son visage si noble et si beau.

En cet instant, plusieurs coups de feu éclatèrent
au milieu du silence ; deux cavaliers lancés au
galop tombèrent avec l'impétuosité du tigre au
milieu des bandits qu'ils chargèrent à coup de
sabre. Madame de Serviane ferma les yeux et se
blottit dans un coin de la voiture, la tête entre
deux coussins. Certes, elle fût restée dans cette
position jusqu'à l'aurore, si une douce voix
ne l'eût réveillée en lui donnant l'assurance que
désormais elle n'avait plus rien à craindre des
voleurs. La troupe de Gaspard de Besse s'était
dispersée et les deux cavaliers se tenaient seuls
à la portière du carrosse, le chapeau à la main,
et dans la plus respectueuse des attitudes.

Madame de Serviane apprit alors que l'un de
ses sauveurs était M. de Prieuré, gentilhomme
avignonnain qui, suivi de son domestique, se
rendait à une de ses maisons de campagne dont
il avait fait l'acquisition non loin de Sainte-
Marie-de-Reparade. M. de Prieuré escorta
madame de Serviane jusqu'à son château d'Arnajon et ne la quitta pas sans avoir obtenu la

permission de la revenir voir le lendemain.

Le lendemain, encore un peu pâle de l'épouvante que lui avait causée l'attaque nocturne
dont elle avait failli devenir la victime, elle remerciait d'une voix ému le courageux cavalier à
qui elle devait peut-être plus que la vie. Alors
seulement madame de Serviane s'aperçut que
M. de Prieuré avait toute la distinction d'un
homme habitué à fréquenter le monde aristocra-
tique ; à la grâce des manières, à l'élégance du
discours, il joignait une charmante physionomie
pleine de fierté ; une cicatrice dont la ligne pâle
allait se perdre sous sa chevelure en sillonnant
son front, témoignait que son courage avait été
mis déjà à plus d'une rude épreuve.

Leur connaissance commencée sous des aus-
pices aussi romanesques ne pouvait manquer de
devenir intimes. La maison d'habitation de
M. de Prieuré était d'ailleurs fort peu éloignée
du château d'Arnajon ; deux lieues à peine les
séparait, et pour un cavalier accoutumé à courre
le cerf, deux lieues à franchir au galop ne sont
pas un obstacle. Bientôt sa présence au château
devint journalière ; madame de Serviane aimait

à se trouver en sa compagnie ; il parlait de la
société d'Aix en homme qui en connaissait toutes les intrigues ; mais cependant la charmante
châtelaine ne pouvait le faire consentir à rester
chez elle les jours ou quelques-unes de ses connaissances venaient la visiter. Le monde l'en-
nuyait, disait-il.

L'aventure de la marquise avait fait grand
bruit ; on en parlait beaucoup chez M. de Villars,
et déjà même quelques femmes chuchotaient à
l'oreille de leurs courtisans que l'héroïne s'était
prise d'une belle passion pour son sauveur.
Leurs médisances ne paraissaient pas dénuées de
fondement. Madame de Serviane, qui ne devait
faire qu'un court séjour à Arnajon, s'obstinait à
y demeurer depuis trois semaines ; M. de Prieuré
ne quittait pas non plus sa maison des bois ; ils
se rencontraient sans cesse, se voyaient à toute
heure ; ils étaient jeunes tous deux et libres, car
madame de Serviane, veuve depuis deux ans,
disposait de sa personne et de sa fortune. Leur
intimité avait beaucoup d'analogie avec l'amour,
et le mariage pouvait bien être le dernier acte
de cette comédie.

A quelques jours de là, il y avait nombreuse
compagnie au château d'Arnajon. M. de Prieuré,
qui l'ignorait, arriva comme c'était son habitude,
vers dix heures du matin, et parut fort surpris
de rencontrer un nombreux cercle de dames et
de cavaliers. Bien que visiblement contrarié, il
prit part à la conversation, assista au déjeuner
et fit plusieurs tours d'allée dans le jardin avec
madame de Serviane et sa société.

Tandis que ces choses se passaient, un jeune
seigneur, M. le comte de Fontenay semblait ne
pas perdre de vue M. de Prieuré, qui de son
côté l'observait avec grande inquiétude. A son
entrée dans le salon, le comte avait manifesté
une étrange surprise, et s'était empressé de
donner des ordres tout bas à son chasseur, lequel
était subitement parti. M. de Prieuré qui, avait
bientôt repris toute son assurance, devisait galam-
ment, assis mollement sous les azerolliers du
jardin, lorsque son domestique, celui-la même
qui l'avait accompagné à l'époque de la déli-
vrance si inespérée de madame de Serviane,
vint sans affectation lui dire quelques mots à
l'oreille. Le gentilhomme se leva et s'adressant

à la marquise la pria de vouloir bien agréer ses excuses. Une affaire imprévue, dit-il, me rappelle chez moi.

— Arrêtez, s'écria soudain M. de Fontenay, il n'est plus temps de feindre.

— Qu'est-ce donc, je vous prie, M. le comte ?

— Arrêtez, misérable, s'écria-t-il encore. A moi, messieurs ! ne voyez-vous donc pas que c'est Gaspard de Besse !

— Cela étant, Monsieur, je vous trouve bien hardi de vous jouer à moi.

Et armant un pistolet que son domestique venait de lui remettre, le faux M. de Prieuré se fraya un passage jusqu'aux portes du jardin. Le nom terrible qui venait de retentir protégea sa fuite encore mieux que ses armes ; l'épouvante avait glacé le cœur des plus braves, à la grille du jardin deux chevaux sellés attendaient Gaspard de Besse et son complice ; l'un et l'autre partirent au galop, en saluant de la main une escouade de la maréchaussée que le chasseur de M. de Fontenay était allé quérir au loin, et qui accourait déjà épuisée de fatigue.

Madame de Serviane comprit alors à quel dan-

ger elle avait été exposée ; elle comprit que l'attaque nocturne et le dévouement chevaleresque
de M. de Prieuré était une comédie admirablement jouée par l'habile chef des bandits. Elle
remercia vivement M. de Fontenay de l'avoir
sauvée d'un péril véritable cette fois ; mais
cependant au fond du cœur elle ne put étouffer
tout à fait quelque regret ; Gaspard ne l'avait-il
pas respectée lorsqu'il avait la force pour lui ?

Le jour suivant, deux lettres furent trouvées,
l'une dans le charmant boudoir de la marquise,
l'autre sur la cheminée de la salle à manger à
l'adresse de M. de Fontenay. Dans celle-ci il n'y
avait que deux lignes.

« Au revoir. Gaspard de Besse n'oublie et ne
« pardonne jamais. L'heure de la vengeance
« sonnera, vous ne l'éviterez pas. »

L'autre contenait l'explication de son étrange
et bizarre conduite, Gaspard aimait madame de
Serviane, et l'aimait trop pour vouloir la posséder au prix d'une larme. C'était donc à l'aide
d'un déguisement qu'il avait cherché à lui plaire.
Sa malheureuse destinée n'avait pas permis que

sa plus chère espérance se réalisât ; il priait madame de Serviane de lui pardonner son amour et son audace en faveur du respect dont il l'avait toujours entouré. Mais toutes ces choses-là étaient exprimées avec des tournures de phrases si pleines de délicatesse et de galanterie, il y avait dans cette lettre tant de douleur et de véritable passion à la fois, que la marquise lui pardonna en soupirant.

Gaspard de Besse, rendu à sa troupe qui commençait à s'inquiéter de sa longue et inexplicable absence, ne tarda pas à reprendre le cours de ses déprédations toujours impunies. Maints châteaux furent pillés çà et là, chose étrange, aucune des possessions de madame de Serviane n'eut à souffrir dans cette recrudescence de vols. Une invisible protection s'étendait jusqu'aux grappes de ses vignes. La jeune femme, de son côté, ne pouvait tout à fait oublier l'image séduisante du hardi brigand qui pendant un long mois l'avait charmé par son esprit en l'accompagnant comme un sigisbé italien. Mais trop fière pour rien laisser paraître de ses secrets sentiments, elle agréa, plutôt par dépit et par vanité

que par inclination, les hommages de M. de
Fontenay qui déjà depuis un an recherchait sa
main.

Le comte, qui depuis la scène dont il avait
été l'instigateur, habitait Arnajon avec plusieurs
personnes de la société intime de madame de
Serviane, avait pris l'habitude de passer quelques heures de la matinée à chasser dans les
environs. La sécurité qui régnait dans tout le
domaine et l'absence de Gaspard de Besse, que
les rapports de la police signalaient dans la haute
Provence, avait éloigné toute crainte de l'esprit
des nobles châtelains. M. de Fontenay courait
donc dans les campagnes en habit de chasse,
sans autre arme que son épée.

Vers le milieu du mois de septembre à l'heure
où les perles que la rosée suspend comme des
colliers au feuillage des arbres, scintillent aux
rayons du soleil, M. de Fontenay suivait au pas
un sentier solitaire tracé dans le creux d'un
vallon boisé. Tout était calme et le murmure
du ruisseau était le seul bruit qui se mêlait au
frôlement des oiseaux s'envolant sous les pas
du comte plongé dans une vague rêverie.

En cet instant, deux cavaliers s'élancèrent d'un bouquet d'arbres, et vinrent se poser en face du chasseur qui, du premier regard, reconnut Gaspard de Besse et son domestique. La fuite était impossible ; les chevaux du bandit avaient une une réputation de vitesse justement méritée, et d'ailleurs le comte était trop brave pour vouloir reculer devant deux hommes ; il tira son épée et s'apprêta à vendre chèrement sa vie.

— Je vous l'avais promis, monsieur le comte, me voici. A mon tour, je vous tiens, et vous ne m'échapperez pas.

— L'ai-je seulement essayé ? répondit froidement le jeune homme ; si c'est ma vie qu'il vous faut, elle ne vous appartient pas encore...

— Si j'avais voulu vous tuer, ne l'aurais-je pas pu déjà, ne le pourrais-je pas encore, s'écria le bandit en faisant luire au soleil le canon d'un pistolet qu'il tira de sa ceinture ? Mais Gaspard de Besse n'a jamais assasiné, c'est simplement un duel qu'il me faut.

— Vous plaisantez, je crois. Depuis quand les héritiers des bonnes maisons provençales se mesurent-ils en champs clos avec les voleurs de grands chemins ?

— Ah ! il vous du sang noble pour rougir votre épée mon gentilhomme? C'est bien.

Et poussant son cheval avec impétuosité, Gaspard de Besse saisit le bras du comte avant même que celui-ci se fût mis en garde ; et se penchant à son oreille, il prononça rapidement quelques mots.

— Ceci est étrange ! Est-ce la vérité ?

— Je vous en fais le serment par l'âme de ma mère dont vous pouvez voir le tombeau armorié en la cathédrale d'Aix.

— Je suis alors à vos ordres, Monsieur.

Et M. de Fontenay, descendant de cheval, croisa le fer avec Gaspard de Besse qui l'avait imité dans chacun de ses mouvements.

A la troisième passe, M. de Fontenay blessé à l'épaule, était couché sur l'herbe désarmé ; une vigoureuse parade de son adversaire avait brisé son épée.

Gaspard était horriblement pâle. Le comte se crut arrivé à sa dernière heure. Déjà le bandit levait lentement son arme comme pour cher-

cher la place où il devait frapper, lorsque se re-
jetant en arrière :

— Non, s'écria-t-il, il ne sera pas dit que Gaspard de Besse a tué un ennemi vaincu et désarmé. Relevez-vous, monsieur le comte, et rendez
grâce à l'accident qui vous sauve la vie. Partez
sur l'heure, et surtout oubliez-moi. Si jamais
vous me rencontriez encore, ajouta-t-il en souriant tristement, vous feriez bien de ne pas me
reconnaître.

Gaspard remonta sur son cheval et disparut
au détour du sentier.

Le comte évita de parler de sa rencontre ; il
inventa une histoire au sujet de sa blessure,
peu grave d'ailleurs, et pressa le plus qu'il le put
la conclusion d'un mariage auquel madame de
Serviane avait consenti.

Deux ou trois mois s'étaient écoulés, monsieur
de Fontenay, parfaitement guéri de sa blessure,
s'occupait fort activement de disposer les apprêts
de ses noces qui devaient se faire dans le château d'Arnajon. Une compagnie peu nombreuse,
mais choisie parmi les intimes, avait été invitée
a la signature du contrat ; la plus brillante aris-

tocratie d'Aix, en habit de fête, circulait joyeusement dans les salons splendidement éclairés. Madame de Serviane, plus belle que jamais dans l'éclat de sa parure reluisante de pierreries, écoutait les galants propos du jeune comte dont la physionomie radieuse et fière laissait deviner tout le bonheur qui remplissait son âme.

En cet instant, le galop d'un cheval rapide, et lancé à toute bride, retentit sur les pavés de la cour; la porte du salon s'ouvrit brusquement, et un homme couvert d'un ample manteau tout couvert de poussière se précipita dans l'appartement.

— Allons, dit-il, il en est temps encore; j'arrive avant l'heure.

Puis arrachant le chapeau à larges bords qui ombrageait sa tête, il découvrit au comte et à sa fiancée stupéfaits les traits bien connus de Gaspard de Besse.

Madame de Serviane se jeta épouvantée dans les bras de M. de Fontenay qui, frémissant de colère, avait tiré son épée.

A cette vue, à ce geste, tous les gentilshommes de l'assemblée dégainèrent simultanément.

Gaspard de Besse, impassible, promena un regard dédaigneux sur ses ennemis ; mais, ouvrant son manteau, il leur fit voir ses deux mains armées de formidables pistolets.

— Silence maintenant, dit-il. Écoutez-moi d'abord.

Tel était l'ascendant mystérieux que cet homme puissant et hardi exerçait par l'impunité, sur toutes les imaginations, qu'à ces paroles toutes les épées s'abaissèrent.

— Je ne viens pas pour vous perdre, mais pour vous sauver. Souvenez-vous, d'ailleurs, qu'entre vous et moi la partie n'est pas égale. Vous, monsieur le comte, qui tourmentez si impatiemment la garde de votre épée, vous le savez mieux que personne. Vous saurez que le château est cerné. Dans un instant, cinquante hommes aussi déterminés que vous et aussi armés que vous ne l'êtes pas, seront ici, et une goutte de mon sang versé vous coûterait la vie à tous.

— Croyez-moi, dit-il encore, en voyant l'hésitation qui s'emparait des gentilshommes, ma voix sera plus puissante pour vous sauver que

toutes vos épées. Rengaînez donc et laissez-moi
maître d'agir selon ma volonté. Soyez immobiles
et je réponds de vous sur ma tête ; sinon vous
êtes tous morts.

Il finissait à peine que des cris de terreur re-
tentirent autour du château. La cour et les jardins étaient envahis par une troupe nombreuse
de bandits qui escaladaient les fenêtres et en-
fonçaient les portes, le poignard aux dents.

Un silence effrayant régnait dans le salon.
Gaspard, ferme et résolu, se tenait aux côtés de
la marquise presque évanouie ; alors, quand les
bandits apparurent en face des convives pâles
et consternés, leur chef marcha droit à eux et
se fit reconnaître. De bruyantes acclamations
accueillirent sa présence ; mais à son ordre leurs
cris se turent et tous reculèrent jusque dans la
cour où ils demeurèrent groupés et silencieux.

— Vous êtes sauvés maintenant, dit-il, en se
tournant avec une certaine fierté vers la compagnie ; je n'ai appris que ce matin le projet conçu
par un de mes lieutenants. Vingt lieues me sé-
paraient de ce château dont ils devaient s'empa-
rer cette nuit. Vous voyez donc bien que ma pré-

sence était nécessaire et que la résistance vous eût perdus.

Alors apercevant le contrat ouvert sur la table, il se pencha, le sourire aux lèvres et apposa sa signature auprès de celles des témoins. Personne n'osa élever la voix contre une pareille audace.Quant à lui,toujours calme,comme s'il se fût trouvé dans une circonstance ordinaire de la vie commune, il s'agenouilla respectueusement aux pieds de madame de Serviane et tirant une bague de sa ceinture, il la passa au doigt de la jeune femme, en la priant de vouloir bien l'accepter comme un souvenir de sa visite.

La marquise reconnut bien vite un bijou, que pendant leur connaissance intime elle lui avait donné dans un moment d'abandon.

Cinq minutes plus tard, Gaspard s'était éloigné avec sa troupe et la Durance le séparait d'Arnajon.

Bien des années après, le chef de bande fut pris, jugé et condamné à mort. Plusieurs personnes haut placées s'employèrent vivement pour obtenir sa grâce. Madame de Serviane, alors comtesse de Fontenay, et son mari, ne fu-

rent pas les derniers et les moins actifs dans des dé-
marches qui n'eurent aucun résultat. Les juges
pressèrent l'arrêt et l'exécution. Ils avaient hâte
de se débarrasser d'un homme qui était tout à
la fois un bandit plein d'audace et un rival dangereux.

Gaspard de Besse fut roué vif en place publi-
que à Aix.

LE COMTE DE CHABLANÇAY

Quoique bien jeune encore, Henri de Chablançay s'était acquis à la cour de Versailles un merveilleux renom. A une époque où les plus étranges folies étaient chose commune, il avait eu l'honneur de se signaler entre tous les seigneurs de son âge, par la hardiesse de ses galanteries, par le luxe de ses équipages, par le nombre de ses aventures. Héritier d'un beau nom, il gaspillait sa fortune et sa vie et ne prenait pas plus de souci de l'un que de l'autre. Mais sa fortune s'amoindrissait avec une effrayante rapidité, et l'on pouvait déjà prévoir le temps où le comte Henri n'aurait plus d'autre salut contre la ruine qu'un hymen désastreux avec quelqu'une des douairières opulentes de la cour.

Son père, le comte de Chablançay, lui avait légué avec de beaux domaines largement ébréchés l'organisation puissante que lui-même tenait de sa race. C'était un homme grand, sec et vigoureux, sa vaillance pendant les guerres du xviie siècle lui avait mérité les épaulettes de colonel du régiment d'Artois ; mais lorsque la paix le ramenait à Paris, il recommençait avec un entraînement irrésistible l'existence décousue et orageuse qui semblait nécessaire à son tempérament de feu. Au milieu des passions qui se partageaient son cœur, une seule avait fait défaut : jamais le jeu n'avait eu le moindre charme pour lui ; mais afin que l'on ne pût pas supposer que la crainte de perdre fût le mobile de son éloignement pour les cartes et les dés, il avait royalement dissipé en une nuit au pharaon, deux années de son revenu.

Lorsque le germe des mêmes passions se développa dans le cœur de son fils, bien loin de chercher à les éteindre, le comte de Chablançay se plut à les exciter par l'exemple ; veuf de bonne

heure, il put à son gré diriger l'éducation du
jeune homme, sans le contrôle d'une femme.
L'escrime et l'équitation en firent la base ; et
lorsqu'il fut en âge d'être lancé dans le monde,
il le présenta à la cour, donna ordre à son inten-
dant de fournir à toutes ses dépenses sans ob-
servation, et le lâcha comme un fougueux éta-
lon la bride sur le cou. A dater de ce jour, le
comte de Chablançay et son fils vécurent indé-
pendants l'un de l'autre, sans jamais s'enquérir
de leurs actions.

Trois ans plus tard, lorsqu'Henri venait à peine
d'atteindre sa majorité le comte mourut à la
chasse, tué par un sanglier qu'il s'était obstiné à
vouloir attaquer corps à corps. La fortune qu'il
laissait était belle encore ; mais elle avait reçu
de fameuses brèches, et la conduite de son fils
n'était pas de nature à la rétablir dans son inté-
grité. Henri avait été nommé à une lieutenance
dans la maison du roi ; sa bonne mine, sa bravoure, son esprit lui avaient fait obtenir une faveur qu'on réservait presque toujours aux héritiers des premières maisons de France.

Son grade fut pour lui une nouvelle occasion

de dépenses et de folles aventures ; mais ce fut
au plus fort de ses débordements qu'une circonstance inattendue vint totalement changer la face
de sa vie.

Le jeune comte avait eu force duels ; c'était la
mode alors, et le public ne s'informait guère du
nombre des coups d'épée échangés entre l'aurore
et le crépuscule. Mais une dernière et malheureuse affaire dans laquelle Henri tua un gentilhomme en grand crédit à la cour l'obligea de
quitter Versailles très précipitamment. Il se retira sur ses terres au fond du Bourbonnais, afin
de laisser à ses amis le temps d'apaiser le ressentiment de la famille du mort dont une des
parentes avait alors beaucoup d'influence sur
l'esprit du roi.

Henri fixa sa résidence dans un château vaste
et entouré de campagnes giboyeuses aux bords
de l'Allier. Une nombreuse noblesse provinciale
habitait tout autour de son château ; il se lia
d'amitié avec quelques-uns des gentilshommes ses
voisins et ne tarda pas à les entraîner après lui
dans de bruyantes parties de plaisir dont il faisait presque tous les frais. Mais une aussi ar-

dente organisation ne pouvait se contenter de
fêtes et de chasses seulement ; si la fatigue har-
rassait son corps, son esprit dormait dans un repos qui lui était tout à fait inaccoutumé ; une
vague inquiétude s'empara de son cœur. Quant
on se trouve dans de pareilles conditions, et qu'on
a vingt-trois ans, l'inquiétude se transforme bientôt en amour.

Henri avait rencontré en Bourbonnais une
bonne vieille dame, proche parente de sa famille,
et que depuis bien des années il n'avait pas vu.
La baronne d'Erfeuil habitait une maison de
plaisance cachée au fond d'une vallée avec sa
petite fille, Adrienne, charmante enfant de seize
ans, blanche comme les fées, blonde comme les
anges. Le désœuvrement avait conduit Henri à
les visiter ; la baronne l'aimait tendrement ; elle
avait soigné son enfance, et bien souvent encore
elle avait parlé à sa fille des espiègleries sans
nombre que le petit Henri commettait à toute
heure, alors qu'elle lui servait de mère. Sa brusque arrivée fut donc une bonne fortune pour
elle : madame d'Erfeuil n'avait rien appris des
égarements du jeune comte ; Moulins était si loin

de Paris alors, les communications si rares et si
difficiles, que le bruit de ses fredaines journa-
lières n'avait pu franchir la distance. Avec le
souvenir qu'elle gardait du défunt comte de Chablançay et des précoces dispositions de son unique héritier, elle supposait bien qu'Henri n'a-
vait pu mentir au sang et au caractère de sa
race ; mais la vue de l'épaulette d'or causa tant
de joie à la bonne dame, qu'elle oublia de le
questionner.

Quelques semaines s'étaient à peine écoulées
que le comte de Chablançay s'était épris d'un violent amour pour sa cousine Adrienne ; ses visites,
d'abord courtes et rares, s'étaient à la fois mul-
tipliées et prolongées. Un charme mystérieux
l'attirait vers cette jeune fille dont la grâce et la
beauté avaient un caractère angélique ; le souvenir de ses maîtresses parisiennes s'évanouis-
sait à son apparition, et il sentait sourdre au fond
de son âme des sentiments pleins d'une ineffa-
ble douceur, quand elle arrêtait sur ses yeux le
regard divin de ses prunelles azurées. Aucune
femme encore ne lui avait fait battre le cœur
avec autant de violence et de crainte à la fois ;

il oubliait près d'elle que Versailles avait mis
autour de son front l'auréole des roués et jamais
la pensée de la séduction n'effleurait son esprit :
Adrienne, subjuguée cependant par la puissance
que Dieu a donnée en apanage à ceux qui ont de
l'intelligence et de la volonté, éblouie d'ailleurs
par son esprit, par sa hardiesse, par sa merveilleuse galanterie, s'abandonnait au charme
d'aimer pour la première fois sans réserve et
sans partage.

La baronne d'Erfeuil, qui avait la finesse des
vieillards, devinait son amour et l'approuvait
par son silence.

Au nombre des gentilshommes qui fréquen-
taient sa maison, on remarquait M. le chevalier
de Saint-Yves, officier de marine d'un grand
courage, mais d'un caractère fou et dangereux.
Épris de mademoiselle d'Erfeuil, il continuait
à l'entourer d'hommages, bien que sa main lui
en était refusée. Le comte de Chablançay suppor-
tait avec impatience ses assiduités auprès d'A-
drienne ; mais par respect pour elle-même il n'en
témoignait rien encore.

Un soir que nombreuse compagnie de chasseurs était réunie chez un vieux gentilhomme du voisinage, on faisait grand bruit et l'on jouait au grand jeu ; le chevalier de Saint-Yves, assis à une table de pharaon, gagnait avec une incroyable persistance. Aucun de ses partners n'osait plus tenir contre lui lorsque M. de Chablançay vint à passer par là. Un des joueurs l'arrêtant, l'un vint le prendre par le bras et le supplia, au nom de la compagnie tout entière, d'essayer quelques coups contre M. de Saint-Yves, afin de couper sa veine.

— Eh ! de grâce, Messieurs, leur dit-il, laissez-moi libre de n'en rien faire. Ignorez-vous que je ne joue jamais ?

— Eh parbleu ! c'est à cause de cela que nous voulons de vous. Les novices débutent toujours d'une façon merveilleuse. Rendez-nous donc le service de rompre la fortune du chevalier.

Henri tenait dans sa poche une lettre où il était avisé par un de ses amis que plusieurs de ses créanciers avaient l'impertinence d'exiger le remboursement de leurs avances. Il s'agissait d'une somme de dix mille louis ; le jeu pouvait la lui donner aux dépens de son rival.

Henri hésita encore quelques minutes ; mais le souvenir de son père, qui une fois dans sa vie avait cru de son devoir d'affronter le pharaon, le décida tout à fait.

Il jeta quelques louis sur le tapis vert et gagna. Bientôt après il avait devant lui une forte partie de la somme qu'il désirait. Plus tard, la somme fut atteinte, puis dépassée. En galant homme, il se crut obligé de persévérer, ne voulant pas se lever avec un aussi gros bénéfice, lorsque la galerie toute entière et les parieurs demandaient la continuation du jeu. Le pharaon continua donc toute la nuit avec des chances diverses, faisant affluer l'or d'un bout de la table à l'autre. L'influence magique du jeu agit enfin sur Henri ; il se laissa entraîner à cette fascination puissante qu'il exerce même sur les esprits les plus calmes. Il perdit ce qu'il avait gagné et plus encore ; il doubla ses mises pour vaincre sa mauvaise fortune ; son caractère passionné se réveilla avec énergie lorsqu'il eut senti l'éperon du jeu, il s'y abandonna avec furie, et quand vint le jour, le comte de Chablançay perdait sur parole, une somme énorme, à peu près tout ce qui lui restait de fortune.

Quand la fièvre que cette nuit terrible avait allumée dans son sang fut apaisée, il rassembla ses papiers et débrouilla ses comptes avec le sang-froid d'un homme qui vient d'asseoir ses résolutions. Il se convainquit bientôt que lorsque toutes ses dettes seraient payées, c'était à peine s'il lui resterait de vingt à trente mille livres ; néanmoins il écrivit plusieurs lettres, donna ses ordres à ses intendants, mit ordre à toutes ses affaires et ne quitta son château que pour aller frapper à la porte de M. de Saint-Yves.

Lorsqu'il eut éteint les dettes de la nuit avec des titres de propriétés, il se leva, et s'adressant avec calme au chevalier, il lui dit :

— Maintenant, Monsieur, passons à une affaire plus sérieuse que celle-ci. Vous aimez mademoiselle d'Erfeuil, m'a-t-on dit ?

— Voici une question...

— Oh ! de grâce pas d'emportements ! aux termes où j'en suis j'ai le droit d'interroger. D'ailleurs pour vous mettre à votre aise, en vous donnant moi-même une preuve de franchise je vous déclarerai tout d'abord que moi aussi j'aime mademoiselle d'Erfeuil.

— Ce sont là vos affaires, et il m'importe peu....

— C'est qu'il m'importe à moi de savoir la vérité avant de partir. Vous êtes militaire et gentilhomme, M. le chevalier ; à ce double titre vous devez avoir le courage de me le dire. Si vous aimez celle que j'ai choisie pour fiancée, l'un de nous est de trop ici... me comprenez-vous maintenant ?

— Fort bien ! c'est un duel qu'il vous faut ?

— A votre choix ; un duel ou la promesse formelle de renoncer à mademoiselle d'Erfeuil.

— Vous oubliez bien vite, M. le comte, que je suis militaire et gentilhomme, et qu'à ce double titre il ne m'est pas permis de faire une promesse qui semblerait m'avoir été arrachée par la peur ; je choisis le duel.

— A votre aise. D'ailleurs il ne s'agit que d'un coup d'épée. Si je suis vainqueur, vous me jurerez de vous éloigner de ces lieux et de ne faire aucune tentative ni directe, ni indirecte, pour obtenir la main de mademoiselle d'Erfeuil.

— Soit.

— A mon tour, si je suis vaincu, je vous laisserai le champ libre et renoncerai à elle pendant le même laps de temps que je dois passer hors de la France : Ces conditions vous conviennent-elles ?

— Parfaitement et j'y souscris de grand cœur. A quand le duel ?

— A demain, auprès de la Croix-du-chêne sur la route de Paris, au point du jour. Veuillez amener un témoin, il suffira pour nous deux.

— A demain donc.

— Et les jeunes gens se séparèrent.

Le comte de Chablançay se dirigea sans retard chez madame d'Erfeuil. C'était l'heure où il avait l'habitude de passer quelques minutes avec Adrienne, qui seule venait l'attendre à l'entrée du parc. Cette fois encore, elle était seule ; mais le sourire qui épanouissait ses lèvres roses s'éteignit sous les larmes, lorsque son amant lui eut appris les cruelles pertes qui avaient sapé sa fortune pendant la nuit, et les résolutions définitives qui en avaient été la conséquence.

— Je suis ruiné, Adrienne. Ce qu'il me reste suffira à peine pour me permettre de tenter ce que j'ai résolu de faire afin de recouvrer ma fortune.

— Mais ne suis-je donc pas assez riche pour nous deux, Henri ?

— Vous l'êtes trop. Je ne veux pas laisser croire au monde que je ne vous ai épousée que parce que j'étais ruiné et que vous étiez riche ; il faut donc que je parte. Maintenant, Adrienne, croyez-vous m'aimer assez pour attendre mon retour ?

— Je ne serai jamais qu'à vous.

— Songez-y bien ; il s'agit de cinq années, cinq longues années, pendant lesquelles vous ne recevrez peut-être aucune nouvelle de moi. Aurez-vous le courage de m'attendre ?

— Toujours.

— Oh ! merci ! cette seule parole est ma plus douce espérance. Adrienne, je reviendrai plus tôt peut-être ; mais si, après cinq ans, je n'étais pas revenu, c'est que je serai mort ; alors vous serez libre.

Les larmes suffoquaient Adrienne : Henri la prit entre ses bras, il couvrait son front et ses mains de baisers. Puis d'une voix plus lente et solennelle, il ajouta ces mots :

— J'ai votre promesse, Adrienne, et vous avez la mienne. Souvenez-vous donc que si vous la trahissiez, et que si vous donniez votre main a un autre avant l'expiration de ces cinq années, je reviendrai, et qu'au prix d'un crime je me vengerai.

Le lendemain, une chaise de poste emportait Henri au galop sur la route de Paris. Au point du jour, trois cavaliers s'étaient rencontrés près de la Croix-du-chêne ; une heure après, tandis, que la voiture du comte roulait vers le nord, les gens du chevalier de Saint-Yves rentraient à son château, portant sur un brancard leur maître blessé d'un coup d'épée.

Quelques jours après, Adrienne se jeta en pleurant entre les bras de sa grand'mère, et lui montra une lettre où M. le comte Henri de Chablançay les informait de son départ de Brest sur

un navire du roi qui se rendait à Chanderna-
gor.

La baronne d'Erfeuil aimait sa petite-fille avec
cet amour immense et dévoué que les
vieillards portent aux derniers rejetons de leur
race ; Adrienne eut donc la liberté de conserver
sa tendresse pour Henri pure et intacte ; toutes
deux s'entretenaient de leurs espérances et de
leurs craintes ; chaque jour voyait renaître les
mêmes conversations, et les mois succédaient
aux mois.

Mais la vieillesse est plus impatiente que la
jeunesse, elle a hâte de saisir les jouissances
que la mort pourrait lui ravir, et lorsque trois
ans se furent écoulés sans aucune nouvelle
d'Henri, madame d'Erfeuil commença à faire
observer à son enfant que l'absence du comte
se prolongeait d'une façon que son silence rendait inquiétante ; bientôt ses observations se re-
nouvelèrent chaque jour, d'abord légères et rapides, puis tenaces et continues. A l'expression
de ses craintes la baronne mêlait des phrases
pleines de réticences sur le bonheur qu'elle goû-
terait si avant de mourir elle avait la consola-

tion de voir sa petite-fille mariée et heureuse.
Adrienne comprenait les intentions de sa grand'-
mère, mais cherchait à les éluder par le silence
et par la tranquillité qu'elle affectait ; elle avait,
disait-elle, la certitude qu'Henri reviendrait bientôt ; mais au fond du cœur la pauvre enfant cachait bien des angoisses ; la nuit elle pleurait et
priait, et lentement les fraîches couleurs que la
jeunesse et la santé avaient fait fleurir sur ses
joues disparaissaient pour faire place aux tein-
tes pâles de la souffrance.

Ce fut alors que M. de Saint-Yves, devenu capitaine de frégate, grâce à la puissante protection
d'un grand seigneur de ses parents, reparut
dans le Bourbonnais qu'il avait quitté peu de
temps après le comte de Chablançay. Sa première visite fut pour madame d'Erfeuil qui en
le voyant revêtu d'un haut grade militaire et
en train de se faire une belle fortune, oublia le
passé et le reçut avec la cordialité la plus bien-
veillante. Le chevalier s'aperçut aisément du
changement qui s'était opéré en sa faveur ; bientôt il eut compris dans quelle situation se trouvait madame d'Erfeuil qui, bien qu'empêchée

par sa tendresse pour sa petite-fille, aurait cependant désiré la marier au plus tôt.

M. de Saint-Yves fut prompt à se décider ; Adrienne était riche, très riche, même. Elle portait un nom honorable car sa famille était une des plus anciennes du Bourbonnais ; sa vue avait réveillé dans le cœur du chevalier des désirs mal éteints par l'absence, et se promit donc de ne rien épargner pour arriver à sa possession, et, le lendemain même, profitant avec habileté d'une conversation suscitée par madame d'Erfeuil, il lui demanda la main de sa petite-fille. La baronne accepta cette fois, en promettant au chevalier de faire tout ce qui serait en son pouvoir pour décider Adrienne à renoncer à son cousin.

Certes M. de Saint-Yves n'avait pas oublié la promesse qu'il avait faite au comte, il y a déjà plus de trois ans ; mais ce souvenir et cette promesse n'étaient pas un obstacle pour lui ; il était de ces hommes qui étouffent leur conscience pour arriver au but où leur ambition les entraîne et, s'il n'avait pas plus tôt recommencé ses poursuites auprès d'Adrienne, c'est que le premier refus que déjà il avait essuyé lui faisait craindre d'échouer encore.

Mais une fois cette crainte bannie il osa violer sa parole. Quant aux conséquences que cette violation pouvait avoir, M. de Saint-Yves n'était pas d'humeur à s'en inquiéter ; le silence prolongé du comte lui faisait croire à sa mort, et en supposant qu'il pût revenir un jour, n'en serait-il donc pas quitte encore une fois pour un coup d'épée ; et certes pour posséder Adrienne, il se serait volontier exposé à un duel sur l'heure.

Adrienne, pressée par sa grand'mère qui la priait toujours et sans cesse de céder à ses vœux en se mariant, obsédée par M. de Saint-Yves qui l'entourait de flatteries, de fêtes et d'hommages, sentait sa volonté fléchir, mais non pas son amour. Si le souvenir du comte était toujours aussi puissant dans son esprit, sa tendresse pour sa mère dont elle voyait les larmes amollissait ses résolutions. Elle luttait encore, mais elle devait succomber.

M. de Saint-Yves, pour hâter l'heure de son hymen, résolut enfin de tuer cet amour dans sa racine ; il se fit écrire une lettre par un ami complaisant, officier de marine à Brest, et la fit parvenir à madame d'Erfeuil et à sa fille. Cette lettre annonçait la mort du comte de Chablançay tué dans les Indes. Madame d'Erfeuil en ressentit plus de joie peut-être que de douleur. Sa fille versa bien des larmes, puis cédant aux prières de sa mère elle accorda sa main au chevalier de Saint-Yves.

Le mariage fut arrêté et sa célébration fixée à l'expiration du deuil.

Peu de jours avant cette époque M. de Saint-Yves suivait à cheval une chasse au courre, à laquelle il avait invité tous les gentilshommes du voisinage. La chasse était joyeuse et bruyante; le cerf vigoureusement traqué était allé se faire tuer à quelques lieues de là, sur les bords de l'Allier; mais lorsque l'hallali sonna, on s'apperçut que M. de Saint-Yves et un de ses amis, officier de marine comme lui, manquaient seuls au rendez-vous. La chasse revint au château où un splendide souper l'attendait. Le cor retentit au travers des bois, le long de la route, et cependant les deux cavaliers ne revinrent pas.

La nuit couvrait de ses ombres le château

de madame d'Erfeuil et l'inquiétude commençait déjà à circuler dans le groupe des chasseurs, lorsqu'un domestique effaré vint annoncer que M. de Saint-Yves mort venait d'être déposé dans la salle voisine par deux bergers. La compagnie toute entière y courut épouvantée et à la clarté des flambeaux elle aperçut le cadre sanglant de M. de Saint-Yves, couché à terre et la poitrine percée de trois coups d'épée.

Les deux bergers interrogés racontèrent qu'au soleil couchant, se trouvant assis sous un bouquet d'arbres sur le flanc d'une colline, ils avaient vu venir au galop un cavalier, qui entouré d'un large manteau brun, s'arrêta brusquement au milieu de la vallée non loin d'eux ; la chasse passait alors dans la plaine voisine et ses fanfares roulaient avec éclat répétées d'échos en échos.

Peu de minutes s'étaient écoulées depuis l'arrivée inattendue de ce cavalier, lorsque M. de Saint-Yves, accompagné de son ami l'officier de marine, apparut à l'autre extrémité de la vallée courant de toute la vitesse de son cheval. Ils ne tardèrent pas à atteindre l'homme au manteau brun et s'arrêtèrent en face de lui. Ce qu'ils se dirent alors, les bergers n'avaient pu l'entendre, mais bientôt après tous les trois mirent pied à terre, et ils avaient vu M. de Saint-Yves et le cavalier inconnu dégaîner brusquement et s'attaquer avec fureur, tandis que l'officier, les bras croisés, les regardait combattre.

Le duel avait été long et acharné ; M. de Saint-Yves ne reculait pas plus que son adversaire et les épées voltigeaient en étincelant. Déjà le sang avait mouillé l'herbe sans qu'aucun des combattants eût faibli ; leur vigueur semblait défier la fatigue, lorsque M. de Saint-Yves, atteint violemment sans doute, rompit en portant la main à sa poitrine. De ce moment attaqué avec une nouvelle ardeur, poussé sans relâche, il n'avait cessé de reculer jusqu'à ce qu'un dernier coup d'épée l'eût jeté sur la terre. Un cri terrible avait fouetté l'air et le cavalier vainqueur, essuyant le sang humide qui coulait de sa lame, était remonté à cheval avec l'officier de marine. Tous deux n'avaient pas tardé à disparaître derrière la colline et lorsque les bergers étaient accourus auprès de M. de Saint-Yves, ils n'avaient trouvé qu'un cadavre.

— Mais qui donc est ce cavalier ? demanda avec terreur madame d'Erfeuil qui, pâle et tremblante, avait écouté le récit des deux bergers.

— Ce cavalier, c'est moi, dit le comte Henri de Chablançay en ouvrant soudain la porte. C'est moi qui ai tué le chevalier de Saint-Yves et je l'ai tué parce qu'il avait menti à sa parole.

Adrienne s'était évanouie ; mais en ouvrant les yeux elle reconnut le comte, qui, à ses genoux, couvrait ses mains de baisers.

La baronne d'Erfeuil n'eut pas de peine à consentir à leur union. Le comte avait tenu sa promesse ; cinq ans ne s'étaient pas encore écoulés, et il était revenu plus riche qu'il ne l'était avant la fatale nuit où sa fortune s'était engloutie au jeu.

Mais si sa longue absence ne lui avait rien fait perdre de son amour, elle avait encore développé les passions ardentes qui pendant sa première jeunesse l'avaient mis au rang des plus fougueux gentilshommes de France. Le mariage ne put en rien modifier cette étrange organisation ; si ses passions ne s'exerçaient pas dans le même cercle et avec le même éclat luxueux, elles l'entraînaient dans toutes sortes d'entreprises où il jouait sa vie avec une incroyable insouciance. La chasse, la guerre et les voyages absorbaient tout son temps. Les plaisirs ne pouvaient avoir d'attraits sur son cœur qu'autant qu'ils étaient entourés de dangers ; sa vie devenait une lutte éternelle.

Le comte semblait éviter avec soin toutes les personnes qui, ayant vu les Indes, auraient pu l'interroger sur le séjour qu'il y avait fait pendant près de quatre ans. A l'époque de son mariage, il s'était borné à raconter qu'ayant sauvé la vie à un nabab attaqué par des brigands, ce nabab l'avait pris en grande amitié et lui avait légué, tous ses biens à sa mort ; sa femme même n'avait pu obtenir aucun détail sur cette histoire et devinant bientôt que sa curiosité déplaisait à Henri, elle s'était abstenue de toute nouvelle question.

Adrienne lui avait donné un fils ; mais la paternité pas plus que le mariage n'avait affaibli cette dévorante activité qui lui faisait rechercher les périls avec l'ardeur que tant d'autres mettent à chercher les plaisirs ; on eût dit qu'une fièvre éternelle fouettait son sang, ou bien encore qu'une pensée terrible irritait son cœur, et qu'il voulait l'étouffer par la fatigue et le danger.

Au retour d'une battue aux loups, tandis que le comte caressait son enfant, Adrienne lui raraconta qu'en parcourant un journal anglais, elle avait lu le récit de la prise d'un pirate malais dont la déprédation jetait la terreur dans la mer des Indes. L'équipage a été pendu, ajouta-t-elle, mais le journal assure qu'avant de mourir, un des bandits a fait des révélations qui ont mis sur la trace du chef inconnu dont les pirateries avaient ruiné le commerce anglais.

Le comte pâlit ; puis d'une voix qu'il essaya de rendre calme, il demanda si le journal donnait le nom de ce chef redouté.

— Oui, répondit Adrienne, il s'appelle Hercule Drawn. On raconte qu'il a quitté les Indes et qu'il s'est réfugié en France ; s'il y est découvert, on espère obtenir son extradition.

— Vraiment ! dit Henri, qu'elle folie ! un pirate se laisse-t-il jamais prendre ?

A quelques jours de là, le comte partit pour

la Flandre où la guerre s'était rallumée ; il com-
mandait une compagnie levée à ses frais et à sa
tête il fit des prodiges de valeur dont le bruit
vint jusqu'aux oreilles du roi qui voulut lui
donner un régiment. Mais à l'attaque d'une
place forte prise d'assaut, le comte, atteint d'une
balle, expira après avoir écrit quelques mots
d'une main tremblante.

A la lecture de cette lettre tachée de sang,
madame de Chablançay fut saisie d'une douleur
étrange. Pâle, égarée, elle poussa un cri déchi-
rant, elle tomba comme si la foudre l'eût frap-
pée. Cette lettre était signée : Hercule Drawn
comte de Chablançay.

FIN

TABLE

FIN DE LA TABLE

Imprimerie de DESTENAY. — Saint-Amand (Cher).